MIHÁLY KUBINSZKY

Architektur am Schienenstrang

Hallen, Schuppen, Stellwerke

Architekturgeschichte der Eisenbahn-Zweckbauten

Franckh-Kosmos

Mit 203 Schwarzweißabbildungen.
Sie stammen, soweit nicht anders gekennzeichnet,
aus dem Archiv des Verfassers.
Das Foto auf den Vorsätzen zeigt die große Haupt-
halle des Hauptbahnhofes in Dresden, aufgenommen von Siegfried Fischer (14.4.1990).

Lektorat und Herstellung von Siegfried Fischer,
Stuttgart

Umschlag gestaltet von Kaselow Design, Mün-
chen, unter Verwendung einer Aufnahme von
Manfred Hamm. Sie zeigt die Halle des Kölner
Hauptbahnhofes.

CIP-Titelaufnahme der Deutschen Bibliothek

Kubinszky, Mihály:
Architektur am Schienenstrang : Hallen, Schuppen, Stellwerke ; Architekturgeschichte der Eisenbahn-Zweckbauten / Mihály Kubinszky. – Stutt-

Inhalt

Vorwort 5

Einleitung 7

Die Baustile 7
Architekt und Ingenieur 8
*Die Baukonstruktionen und ihre
Materialien* 10
Architektur und Eisenbahngeschichte .. 10
Ansätze zum Städtebau 11

1. Der Hallenbau aus Holz 12

Der Holzbau 12
Konstruktionsweisen der Holzhallen ... 13
*Einige wichtige Hallen aus Holz zum
Beginn des Eisenbahn-Zeitalters* 14

2. Die Bahnhofshallen aus Stahl 26

*Entwicklung der Eisen- und
Stahldachkonstruktionen* 26
Berühmte Bahnhofshallen 29
Die alten Berliner Bahnhofshallen 29
Die Halle des Bremer Hauptbahnhofes 40
Die Dresdener Bahnhofshallen 41
Die Halle des Hauptbahnhofes
Frankfurt am Main 43
Die Hamburger Bahnhofshallen 46

Die Kölner Bahnhofshallen 48
Der Leipziger Hauptbahnhof 51
Der Münchener Hauptbahnhof 54
Weitere deutsche Bahnhofshallen 56
Bahnhofshallen in Wien 62
Bahnhofshallen in der Schweiz 64
Bahnhofshallen in Budapest 66

3. Das Bahnsteigdach 69

4. Der Lokomotivschuppen 78

*Die alten Betriebswerke der
Dampflokomotiven* 78
*Baukonstruktionen der Lokomotiv-
schuppen* 92
Der Wagenschuppen 93
Wassertürme und Bekohlungsanlagen . 98

5. Der Güterschuppen 101

6. Wärterhäuser und
   Stellwerkgebäude 112

Das Streckenwärterhaus 112
Das Blockwärterhaus 115
Die Stellwerkgebäude 117

Literatur- und Quellenverzeichnis .. 126

© 1990, Franckh-Kosmos Verlags-GmbH & Co.,
Stuttgart
Alle Rechte vorbehalten
ISBN 3-440-06064-0
Printed in Germany/Imprimé en Allemagne
Satz: Typobauer Filmsatz, Ostfildern
Druck und buchbinderische Verarbeitung:
Mainpresse Richterdruck, Würzburg

Vorwort

Während die Empfangsgebäude und ihre Architektur in ihrer Gestaltung sich der Stadtseite zuwenden – was sich auch in ihrer Gestaltung ausdrückt –, gehören die Hallen, die Bahnsteigdächer, Bahndiensträume, Betriebswerke, Wärterhäuser und viele andere Bauten zum Schienenstrang. Die Architektur am Schienenstrang, die Gegenstand dieses Buches ist, bezieht sich deshalb, ihrer Bedeutung entsprechend, auf die Zweckbauten der Eisenbahnen, besonders auf jene der Bahnhöfe.

Auch diese Zweckbauten haben ihre Architektur, zuweilen sogar eine ganz ausgezeichnete. Zuallererst ist die Architektur eine raumbildende und gestaltkomponierende Kunst. Diese Eigenschaft kommt auch dann zur Geltung, wenn die Erfüllung einer speziellen Funktion – oft mittels einer markanten Baukonstruktion – für die Gestaltung ausschlaggebend ist, der Anspruch einer dekorativen Erscheinung in den Hintergrund zu treten hat. Heute gehört es zu den allgemein anerkannten Grundsätzen der Architektur, daß zu ihr eine gewisse Anpassungsfähigkeit als qualitative Eigenschaft gehört. Die Architektur der Eisenbahn-Zweckbauten ist es, die das allgemein bekannte und geschätzte Bahnhofsbild ausmacht. Ob dabei die Bauten die üblichen Stilmerkmale besitzen oder nicht – beides kommt vor –, ist hier nicht ausschlaggebend.

Das vorliegende Werk soll an bereits Besprochenes, an den Eisenbahn-Hochbau und seine Architekturgeschichte im allgemeinen anknüpfen und dabei mit der Hervorhebung der Zweckbauten gewissermaßen Neuland betreten.

Zeitlich und geographisch soll dieser Versuch stark begrenzt werden. Es wird hier vornehmlich von jenen Hochbauten der Eisenbahn berichtet, die allmählich oder schon gänzlich der Vergangenheit angehören. Diese Abhandlung hat also – auch dort, wo sie zweckmäßigerweise die Entwicklung bis in unsere Tage aufzeigt – historischen Charakter. Die großen Bahnhofshallen gehören der Geschichte an, auch wenn einige von ihnen den Krieg, die Renovierung oder Um- und Neubauten überlebt haben. Heutzutage werden sie hoch eingeschätzt, oft sogar als Baudenkmäler oder Zeugen der Industriegeschichte eingestuft. Neue Hallen werden nicht mehr gebaut, weil moderne Bahnhöfe Bahnsteigdächer erhalten. Auch der Lokschuppen hat in seiner hier vorgeführten Form ausgedient, insbesondere gilt dies für den charakteristischen Ringschuppen der Dampflokzeit mitsamt seinen dazugehörigen Einrichtungen. Nur der Rechteckschuppen, und auch nur dessen modernisierte Hallen-Variante, entspricht den Anforderungen für die heute verwendeten Elloks und Dieselloks. Noch vorhandene Wassertürme und Kräne dienen nur mehr zum Speisen der Dampfloks für Nostalgiefahrten, und durch die weitgehende Rationalisierung des Lokomotivbetriebes und die Konzentration auf einige Betriebswerke sind fast alle für das Bahnhofsbild früher ausschlaggebenden kleinen Lokschuppen und Remisen abgebrochen worden. Selbst der Güterschuppen, mit seiner einst üblichen Güterverladung von der Rampe aus, machte der modernen Organisation der Stückgutbeförderung, den Werksanschlüssen, den Container-Terminals und Güterwagen mit ausgeklügelten Beschickungsanlagen Platz. Seit die Bahn keine Kohlen mehr benötigt, sind auch deren Lager, die allzu nahe beim Stadtkern große Flächen beanspruchten, aufgehoben. Getreide wird aus nicht bahneigenen Silos verladen. Sie stehen meist in der Nähe des Bahnhofs und verleihen ihm das Bild einer Industrieanlage. Ausgedient haben auch die Wärterhäuser entlang der Strecken. Die Überwachung und Steuerung des Verkehrs erfolgt heute elektronisch, der Streckenblock ist automatisiert, die Schranken wichen Überführungen, und wo nicht, werden sie ebenfalls ferngesteuert. Auch das Stellwerk hat sich verändert und damit auch seine Behausung: Die neuzeitlichen elektrischen Gleisbildstellwerke und die jetzt immer mehr üblichen elektronisch gesteuerten Fahrsicherungsanlagen benötigen nur kleine und vom Standort am Gleisfeld unabhängige kleine Räume. In kleineren Bahnhöfen steht die Anlage auf dem Tisch des Fahrdienstleiters in dessen Büro im Empfangsgebäude. Nur an den großen Bahnhöfen konzentriert sich die Stellwerkstechnik in eigenen Stellwerksbauten großzügigster Ausführung.

Es wird demnach hier von den längst abgebrochenen alten und von einigen wenigen übriggebliebenen Hallen, von der Entwicklung der Bahnsteigdächer, den alten Lokschuppen, den Gütermagazinen und den Wärterhäusern für Streckenüberwachung und Bahnhofssicherung berichtet; von ihrer Baugeschichte, Bautechnik und von ihrer Architektur.

Auf die Empfangsgebäude wird hier nicht weiter eingegangen, da in letzter Zeit deren Aufarbeitung in der Fachliteratur große Fortschritte gemacht hat, besonders die künstlerisch anspruchsvollen Großstadtbahnhöfe betreffend. Einzelne Monographien behandeln auch deren städtebauliche Beziehungen. Immerhin hängt das Empfangsgebäude mit dem hier betrachteten Hallenbau eng zusammen, im Falle von Lokalbahnhöfen oft sogar auch mit den Güterschuppen. Es beherbergte meist auch Wohnungen, die ihrerseits einer eigenen Betrachtung wert wären. Dies besonders im Hinblick der unmittelbaren Auswirkungen des Eisenbahnwesens auf den sozialen Wohnungsbau. In diesen Rahmen gehören auch die Bereitschaftskasernen, Dienstwohnungen und Eisenbahnerkolonien. Auf die Betrachtung einiger Zweckbauten, so beispielsweise auf die Bauten des Werkstattwesens, mußte hier verzichtet werden, sie hätten den vorgesehenen Rahmen gesprengt. Eher aus der Überlegung heraus, daß die Bauten der Umformerwerke, die Lager für bahntechnisches Material und die Bahnmeistereien nicht nur für das Eisenbahnwesen charakteristisch sind, wurde auf die Darstellung derselben verzichtet. Die Wassertürme, Wahrzeichen des Industriebaus, und die Kohlenbeschickungsanlagen werden nur kurz beleuchtet.

Das Gebiet der besprochenen Bauten beschränkt sich auf den mitteleuropäischen Raum. Nur wo die Entwicklung von Ansätzen die Kenntnis auswärtiger Bauwerke benötigt, wird auf diese verwiesen. Neben den deutschen sind deshalb in erster Linie die unter ähnlichen technischen Bedingungen betriebenen Bahnen der damaligen österreichisch-ungarischen Monarchie und der Schweiz berücksichtigt. Der Leser sollte Nachsicht üben, daß der Autor viele Beispiele aus seiner Heimat anführt, immerhin geben sie den einst recht hohen Standard der Königlich Ungarischen Staatsbahnen wieder.

Außer durch die zeitlichen und geographischen Grenzen ist diese Publikation besonders durch den Umfang beschränkt. Jedes Kapitel für sich könnte schon einen eigenen Band füllen. Deshalb versteht sich das vorliegende Werk eher als ein die Gedanken anregender Leitfaden, keineswegs als abgerundete Abhandlung. Es soll dennoch den Architekten aufzeigen, daß die Baugeschichte der neuesten Zeit im Bereich des Eisenbahn-Hochbaues viel Schönes und Eigenartiges zu verzeichnen hat, den Industriearchäologen sollen die Zusammenhänge der Eisenbahntechnik mit dem Bauwesen in einem ihnen wichtigen Sektor vorgeführt werden, der Denkmalschützer soll Anregungen für seine Tätigkeit erhalten, die sich heute bereits bis in das Eisenbahn-Zeitalter vorgearbeitet hat, ja seine Aufmerksamkeit soll auf Bauten mit anspruchsvoller Architektur gelenkt werden, die sonst des technischen Fortschritts wegen in ihrem Bestand gefährdet wären. Nicht zuletzt soll der Eisenbahnfreund seine Kenntnisse über wichtige Bauten seiner geliebten Bahn erweitern können und der Modellbauer die Gewißheit erhalten, daß er mit der vorbildgetreuen Wiedergabe der Architektur am Schienenstrang wichtige Kulturarbeit leistet. Der Verfasser wünscht sich, daß dieses Werk weitere Arbeiten über das Thema nach sich zieht.

Einleitung

Ein kurzer Überblick über das allgemeine Baugeschehen zu Beginn des Eisenbahnzeitalters soll die Behandlung der »der Schiene zugewandten Architektur« einleiten. Gewöhnlich wird Architektur mit Stilelementen gekennzeichnet und entsprechend eingeordnet. Wenngleich die schon im Vorwort erwähnte nüchterne und ornamentlose Bauweise, zu der auch die meisten Eisenbahn-Zweckbauten gehören, nicht in jedem Falle mit den üblichen Stilelementen kategorisiert werden kann, so sollte man doch zweckmäßigerweise mit deren Aufzählung beginnen. Danach können wir uns weiteren charakteristischen Einflüssen und Merkmalen zuwenden.

Die Baustile

In der ersten Hälfte des 19. Jahrhunderts war in Mitteleuropa der Klassizismus, der sich am Vorbild der klassischen Antike orientierte, der alles beherrschende Baustil. Bei Repräsentationsgebäuden huldigte er ihr oft in seiner gesamten Komposition, so beispielsweise mit der säulenumgebenen Tempelbauart der alten Griechen. Zumeist beschränkte man sich jedoch auf bescheidenere Kompositionen und zollte dem großen Vorbild lediglich in Form einer vornehm nüchternen Fassade Tribut. Giebel, wohlproportionierte Verteilung der Fenster, schöne Gesimse und auch so mancher klassisch anmutende Portikus waren die Hauptmerkmale. Das symmetrische Ensemble der beiden Wiener Bahnhöfe – des Gloggnitzer und des Raaber Bahnhofes – war ebenso ein an-

sprechendes Beispiel wie der alte Braunschweiger Bahnhof von Ottmar.
Dem Klassizismus folgte der Baustil der Romantik, deren Vorbild das mittelalterliche Schloß war. Kennzeichnend hierfür sind die Asymmetrie, Eckpfeiler, kleine Türme und viele charakteristische Details. Der romantische Stil war schon zur Zeit Schinkels eine Alternative zum Klassizismus, überlebte jenen aber fast zwei Jahrzehnte. Der Klassizismus endete etwa um 1850, beherrschte den Eisenbahnbau also nur während der ersten zehn bis fünfzehn Jahre, während die romantischen Formen, gestützt auf die Überlieferungen des Mittelalters, bis um das Jahr 1870 eine Rolle spielten. Eine besonders eigentümliche Note war hierbei der in Bayern bevorzugte Rundbogenstil, das einzigartige Stilexperiment, toskanische Renaissanceformen mit mittelalterlichen zu verschmelzen. Der Münchener Bahnhof von Friedrich von Bürklein ist dafür bezeichnend, auch sein Hallendekor. Nach 1860 setzt die Vorliebe für eine Nachempfindung der Neurenaissance ein, der Berliner Potsdamer Bahnhof ist hierfür ein sehr gutes Beispiel. Bald darauf werden die Formen der Renaissance freizügiger angewandt und mit eigenen Zutaten variiert.
Etwa ab dem Jahre 1870 bis zum Ende des 19. Jahrhunderts herrscht eine Vielfalt aller vorhergegangenen geschichtlichen Baustile. Die Baugeschichte prägte, aufgrund des Griffes in die Vergangenheit, die Bezeichnung Historismus für diesen Stil. Kirchen baute man im Stil der Gotik, die Synagogen entstanden im maurischen Stil, und für die Fassaden der Stadthäuser besann man sich auf die Florentiner Renaissance. Bei solch neuen Aufga-

ben, wie sie ein Bahnhof darstellte, geriet man dann natürlich in Verlegenheit. Der Historismus im weiteren Sinne, mit seinen phantasiereichen Baukörpergestaltungen, die sich einer neuen Welt mit modernen Baukonstruktionen anpaßten, bot dem Eisenbahn-Hochbau die Möglichkeit, mit großen Fenstern, ungewöhnlich langen Fluchten und mit Vordächern zu schützenden Straßenanschlüssen doch noch auf der Basis der geschichtlichen Architektur zu bleiben und sich dabei in das Stadtbild der Gründerzeit zu fügen. Der frühere Anhalter Bahnhof in Berlin, der Antwerpener Bahnhof und viele andere sind hierfür hervorragende Beispiele. Dem für die zweite Hälfte des 19. Jahrhunderts gültigen Stilbegriff des Historismus können aber auch noch Bauten des frühen 20. Jahrhunderts in ihrer neubarocken Ausgestaltung hinzugefügt werden. So zum Beispiel der Leipziger Hauptbahnhof. Der vielen Widersprüche wegen, die zwischen einer überholten Fassadengestaltung und einem modernen Zweckbau immer offensichtlicher wurden, bemühten sich fortschrittliche Künstler seit etwa 1890 um die Schaffung eines neuen Stils, dem schließlich, als Jugendstil bezeichnet, der Durchbruch gelang. Der Jugendstil war nicht nur in seinen Hochburgen München, Dresden und Wien unterschiedlich, er durchlief auch mehrere Phasen, wobei er von der ursprünglich charakteristischen Wellenlinie zur »Neuen Sachlichkeit« fand. Der Jugendstil wurde in den Werken großer Künstler zum Höhepunkt einer bauformensuchenden Epoche, verkitschte jedoch in der Hand der Epigonen. Der Bahnhof in Darmstadt zeigt Ansätze des Jugendstils, der oldenburgische ist ein Meisterwerk seiner späten Phase. Dem Jugendstil kommt das Verdienst zu, die Notwendigkeit des rationellen Bauens betont zu haben. Nach dem Ersten Weltkrieg kam es dann zum Bau ohne ausgesprochene Ornamente, zu einer zweckbetonten Baugliederung, die schließlich auch der Epoche des Funktionalismus ihren Namen verlieh. Der Stuttgarter Hauptbahnhof von Paul Bonatz war im Eisenbahn-Hochbau ihr größtes und ansehnlichstes Werk. Heute wird allgemein behauptet, daß die »Zwischenkriegszeit-Modernen« des Bauhauses nicht selbstlos rationell blieben; mit ihren hellen Wandflächen und mit den in diese hineingeschnittenen Fensterbändern und Türöffnungen schufen sie einen kennzeichnenden Stil, der das Denken der Architekten bis spät in die sechziger Jahre unseres Jahrhunderts beeinflußte.

Heute, zum Ende des 20. Jahrhunderts, hat man genügend zeitlichen Abstand, um zu beurteilen und zu verzeichnen, daß der Historismus nicht ein auf das vorangegangene Zeitalter beschränktes Stilphänomen blieb, sondern des öfteren wieder auftauchte. So beispielsweise nach dem Jugendstil, danach auf den Befehl der Diktatoren und zuletzt als Ausflucht vor der drohenden Monotonie der Moderne, ihrer Eigentümlichkeit wegen als Postmoderne bezeichnet. Die Nachwelt dürfte noch eine präzisere Analyse unternehmen können und somit treffendere Kennzeichnungen finden.

Die Reihe Klassizismus – Romantik – Historismus der Gründerzeit – Jugendstil – Funktionalismus – Moderne – Postmoderne dürfte eine für Mitteleuropa annähernd gültige Baustilfolge andeuten, die natürlich auf den Hallenbau und auf die gesamten Eisenbahn-Zweckbauten nicht ohne Wirkung blieb. In diesem Zusammenhang ist zu vermerken, daß um die Mitte des vergangenen Jahrhunderts die Auffassung herrschte, daß es nicht alle Bauten verdienten, sie mit kostspieligen Fassaden auszustatten, ihnen überhaupt eine Stil-Architektur zu geben. Die

Trennlinie der nach dieser Auffassung des Schmückens würdigen und unwürdigen Eisenbahn-Hochbauten liegt genau zwischen den städtischen Empfangsgebäuden und den in diesem Buch behandelten Zweckbauten. Bei städtischen Bauten sogar schon zwischen den Empfangsräumlichkeiten und der Bahnsteighalle. Zum einen aus Puritanismus, zum anderen aus wirtschaftlichen Überlegungen, hielt man es zumeist für überflüssig, einen Güterschuppen oder ein Heizthaus zu dekorieren. Man nahm somit gewissermaßen den Funktionalismus des 20. Jahrhunderts vorweg und beschwor damit eine nötige neue Architekturgesinnung herauf. Andererseits konnte man in der Zeit des Historismus mit Bauten, deren Baustil keine geschichtlichen Vorbilder hatte, so an erster Stelle bei den Hallen, nichts anfangen. Ihre Dekorierung war bei Holzbauten mit Schnitzereien, bei gußeisernen Konstruktionen mit einer naiven, bereits bis zur Karikatur verkommenen Nachbildung altertümlicher Kannelluren und Kapitellen möglich, was aber kaum mehr eine erkennbare Stil-Architektur ergab. Die Halle wurde zumeist von einem Bauingenieur entworfen, ihre Dekoration, die ornamentale Verkleidung, dem Architekt überlassen. Von der Zusammenarbeit dieser beiden Gestalter, die bei den Bahnhofsbauten in der Verschmelzung des Empfangsgebäudes mit den Bahnsteigbauten ihr wichtigstes Betätigungsfeld erreichte, waren Erfolg und Wert des Bauwerkes abhängig. Als Resultat einer im allgemeinen fruchtbaren Zusammenarbeit wandelte sich dann das gegenüber technischen Bauten ursprünglich an den Tag gelegte Unverständnis: man fand den Hallenbau für sich als schön. Man bewunderte die Raumwirkung, die von Vorbildern freie Kühnheit der Konstruktion. Diese Sinneswandlung beschränkte sich selbstverständlich nicht auf die Eisenbahn-Hochbauten. Die Forderung der Pariser Bürger zur Erhaltung des Eiffelturms, noch mehr der Bürgerstolz, der die neuen Markthallen und

auch die Großstadtbahnhöfe nicht ablehnte, sondern sie als Kennzeichen eines fortschrittlichen Lebens ansah, waren ihre allgemeinen Begleiter. Es dauerte allerdings noch geraume Zeit, bis man nicht nur die vom Publikum betretenen Hallen, sondern auch die abgelegenen Zweckbauten, die Wassertürme, die neuen Stellwerke und die Güter- und Lokschuppen zu würdigen wußte. Erst heutzutage, da die Industriearchäologie das Zeitalter der industriellen Revolution zu ihrem Thema machte, besinnt man sich auch des architektonischen Wertes, der diesen zum frühen Funktionalismus gehörenden Bauten zukommt.

Architekt und Ingenieur

Im 19. Jahrhundert, im Zeitalter des großen und allgemeinen technischen Fortschrittes, besteht zwischen dem Bauingenieur und dem Architekt hinsichtlich ihrer Ausbildung und Auffassung ein gewaltiger Unterschied zwischen ihrem Wissen und Können. Noch zur Zeit der Frührenaissance gab es keine getrennten Berufe im Bereich der Bautätigkeit, dann jedoch gingen die Fachkenntnisse auseinander. Während der eine seine Ausbildung an der Hochschule der schönen Künste genoß, besuchte der andere eine Schule für Polytechnik. Es gab nur noch wenige universell geschulte Baumeister. Mit wenigen Ausnahmen, so zum Beispiel Balthasar Neumann in der Zeit des Barocks, konnte sich auch ein Festungsingenieur künstlerische Gestaltung aneignen.

Dem großstädtischen Bahnhofsbau kommt das Verdienst zu, eine Brücke zwischen diesen entzweiten Bauberufshälften geschlagen zu haben. Nicht im Sinne einer Wiedervereinigung, denn diese fand bis heute nicht statt, da mit der technischen Entwicklung auch eine immer weitergehende Spezialisierung verbunden ist, die auf immer kleinere Wissensgebiete konzentrierte Fachkenntnisse erfordert. Der Brückenschlag erfolgte im Sinne einer fruchtbaren Zusammenarbeit. Zog man noch im vergangenen Jahrhundert zu einer technischen Bauaufgabe oft nur dann einen Architekten hinzu, wenn man für das Bauwerk eine Fassade benötigte, so bildeten sich bei den Bahnhofsbauten für das ganze Bauwesen vorbildliche Partnerschaften. Wir können dies bei der Behandlung von Bahnhofsbauten immer wieder feststellen: Architekt Egger, Ingenieur Schwedler in Frankfurt am Main, dann Architekt Graff und Ingenieur Gerber in München. Wir werden diese Reihe der Partnerschaften bei den großen Bahnhofshallen weiter verfolgen können.

Diese Zusammenarbeit ist eine Arbeitsgemeinschaft von Spezialisten, denn keiner der beiden konnte unter Berücksichtigung der Tätigkeit des anderen vorgehen. Nur noch selten kann man nachträglich feststellen, wessen Idee ausschlaggebend für die Gesamtgestaltung war. Die Kooperation brachte auch eine gewisse Rivalität hervor, bei der

Die Baustile des Eisenbahnzeitalters an Beispielen von deutschen Bahnhofsbauten. 1 Klassizismus: Bahnhof Weimar, 1846; 2 Romantik: Bahnhof Göttingen, 1854; 3 Historismus (an vorgeführtem Beispiel Neurenaissance): Berlin Potsdamer Bahnhof, 1868–1872; 4 Jugendstil: Karlsruhe, 1906–1913; 5 Frühe Moderne: Stuttgart 1914–1927.

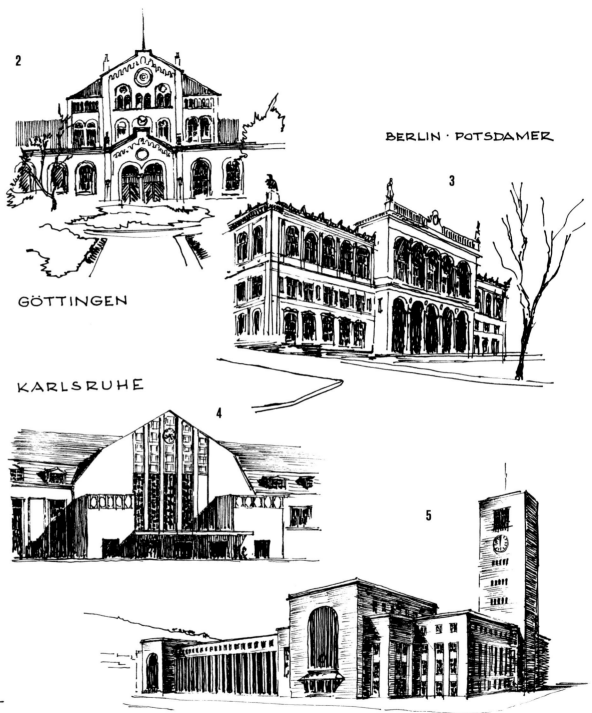

GÖTTINGEN

BERLIN · POTSDAMER

KARLSRUHE

WEIMAR

STUTTGART

jeder sein Bestes leisten wollte, was dem Bahnhofsbau letztlich zugute kam. Aus heutiger Sicht kann festgestellt werden, daß diese Partnerschaften sicherlich dazu beigetragen haben, daß in den vergangenen hundert Jahren die Bahnhofsbauten insgesamt, nicht nur ihre Hallen, die Baukunst ihrer Epoche hervorragend repräsentieren.

Die Baukonstruktionen und ihre Materialien

Die Architektur beim Zweckbau ist mehr noch als jene des Empfangsgebäudes vom verwendeten Baumaterial, insbesondere von der tragenden Konstruktion abhängig. Zwar kann man ganz allgemein zwei Bereiche feststellen: zum einen die Bauten aus Holz, Mauerwerk und Eisen, zum anderen die Bauten aus Stahl beziehungsweise Stahlbeton. Ihre Anwendung hing in der Regel von der Größenordnung des Baues, von seiner Spannweite oder Bauhöhe ab. Es ist interessant festzustellen, daß einige Baustoffe, mit technischer Perfektion eingesetzt, ihre Wiedergeburt erlebten und wieder verwendet wurden, obwohl sie bereits überholt zu sein schienen. So zum Beispiel bei den neuzeitlichen Holzkonstruktionen, auch bei der Anwendung von Spannbeton gegenüber den anfangs viel schwerfälligeren Eisenbetonkonstruktionen. Es ist festzustellen, daß jeder konstruktionsfähige Baustoff seine eigene Entwicklung hat und keiner bis zum heutigen Tag das Feld im Eisenbahn-Zweckbau räumen mußte.

Neben der technisch möglichen Vervollkommnung der Materialien ist auch eine Entwicklung in ihrer Anwendung zu verzeichnen – neue Einfälle, Anordnungen zeugen davon. Der an die Stelle der einst vierschiffigen Anordnung der Münchner Hauptbahnhofhalle getretene zweischiffige Neubau, für den kaum weniger Materialaufwand als bei der früheren Halle notwendig war, ist hierfür

ein gutes Beispiel, obwohl niemand die Genialität der von Heinrich Gerber entworfenen Halle in Zweifel ziehen wird. Der Holz- und der Steinbau haben jahrhundertelang die Drahtkonstruktion der Bauten gebildet. Für Raumabschlüsse mit weittragenden Spannweiten waren sie jedoch nur beschränkt geeignet. Die Produktions- und die Lagerhallen der Industrie, die Ausstellungs- und Markthallen und nicht zuletzt die Bahnhofshallen verlangten nach Konstruktionen, die zur Errichtung größerer Überdachungen geeignet waren. Man fand sie in den Eisenkonstruktionen, die später mit der Vervollkommnung ihres Materials in Stahlkonstruktionen übergingen. Zum Ende des 19. Jahrhunderts traten auch die neuen Stahlbetonkonstruktionen auf. Sie alle sollen ausführlicher im Kapitel über die Hallen besprochen werden.

Architektur und Eisenbahngeschichte

Es wird oft behauptet, daß das 19. Jahrhundert, obwohl reich an hervorragenden Erfindungen und technischen Entwicklungen, seinen eigenen Baustil versäumt habe. Die Eisenbahn-Zweckbauten können hierbei als treffliche Muster dienen, denn wie schon erwähnt, gab es für sie keine geschichtlichen Vorbilder, man konnte auch kaum überzeugend auf einen geschichtlichen Baustil zurückgreifen. Wenn man demzufolge dekorlos baute, war das schon eine fortschrittliche Auffassung, weil damit bewiesen wurde, daß man anachronistische Stilmerkmale wo immer möglich zu vermeiden suchte. Die neuen Aufgaben ergaben bei einer korrekten Zweckerfüllung jedoch bautechnische Lösungen, die nachträglich doch als charakteristische Merkmale zu verzeichnen sind, manchmal sogar als Baustil gelten können, wenn man darunter nicht in erster Linie die Anwendung zeitgebundener Zierelemente versteht. So sind für den »Baustil« der Eisen-

bahn-Hochbauten der einem Industriebau ähnliche Ziegelrohbau, auch die Bretterverschalung von gezimmerten Holztragwerken, und hauptsächlich die verschiedenen Hallenbauarten kennzeichnend. Die Hausbahnsteigdächer als lang hingezogene Veranden, die überragenden Auskragungen an den Laderampen der Güterschuppen, die Rauchabzug-Dachaufbauten der Lokomotivschuppen und viele andere Eigentümlichkeiten stellen weitere charakteristische Merkmale dar. Nicht zuletzt sind die für verschiedene Zweckbauten – auch für kleinere Empfangsgebäude – angewandten Baukörperformen ausschlaggebend und zeitgebunden. Die Eisenbahn-Zweckbauten passen sich funktionell und natürlich auch in ihrem Aussehen den Gleisen und dem Schienenverkehr an. Da sich dieser technisch rapide entwickelte, ist die Architektur der ihm angepaßten Eisenbahn-Hochbauten stets mit ihm verbunden. Nicht mit ihrem Ornament, sondern mit ihrer Gestalt. Infolge dessen gibt es für die Eisenbahn-Hochbauten sich entwickelnde Charakteristika. Nur um es von den üblichen Architektur-Stilbezeichnungen zu trennen, nennen wir es nicht unbedingt Baustil, obwohl das Aussehen ebenso seine Epochen hat wie die Eisenbahntechnik. Ohne auf die üblichen und vorstehend behandelten Stilmerkmale zurückgreifen zu müssen, kann man eben deshalb – und das wissen die Modelleisenbahner am besten – von Bauten der ersten (anfänglichen) oder der zweiten (Gründerzeit) eisenbahngeschichtlichen Epoche sprechen, Bahn- und Bahnhofsanlagen und deren Bauten mit der Zwischenkriegszeit oder der der fünfziger Jahre bezeichnen, auch Stilelemente einer früheren Epoche in eine spätere setzen, ältere Bauten modernisieren. Man kann also Eisenbahn-Hochbauten geschichtlich richtig einschätzen, ohne dazu auf die klassischen Baustilmerkmale zurückgreifen zu müssen. Bei einem Eisenbahn-Hochbau, vor allem bei einem Zweckbau kann oder muß das Aussehen als eine Verflechtung mit der Eisenbahntechnik aufgefaßt werden. Die üblichen Architektur-Ornamente und Stilmerkmale sind – sofern sie überhaupt vorhanden sind – nur eine bestätigende Zutat.

Ansätze zum Städtebau

Außer der Zugehörigkeit zu einem Architekturstil – oder zu einer den Baustil bestimmenden eisenbahntechnischen Epoche – ist für den Eisenbahn-Zweckbau hinsichtlich des Baugeschehens noch die Entwicklung des Städtebaus im Eisenbahnzeitalter ausschlaggebend. Dies umso mehr, da ihr Umbruch mit der Entwicklung der Eisenbahn in mehreren Beziehungen verflochten ist. Die Eisenbahnen ermöglichten und förderten die Industrie, jene wiederum trug zur Agglomeration der Siedlungen bei. Dies zog die Weiterentwicklung der Eisenbahn als Versorgungsmittel nach sich, später als Verbindung zu anderen Städten, Gebieten und Ländern. Was hier für uns von Bedeutung ist, sind einerseits die großen Eisenbahnareale, die sich am Rand der im vergangenen Jahrhundert sich entwickelnden Städte gebildet haben, und in deren Folge die Stadtbahnhöfe und auch die großen Bahnhöfe zustande kamen. Andererseits ist für die Siedlungstätigkeit auch die Erschließung früher abseits gelegener Gebiete bezeichnend, was auch für die kleinen Lokalbahnhöfe deren ebenfalls charakteristische Architektur-Ensemble ergab. Die städtebauliche Entwicklung der Eisenbahnanlage und damit das Hineinwirken des Eisenbahnwesens in die Struktur der bedeutenden mitteleuropäischen und damit in die deutschen Städte, vor allem mit ihren Zweckbauten, dauerte wegen der ständigen Erweiterung des Eisenbahnnetzes bis zum Ersten Weltkrieg. Die meisten großzügigen Bahnanlagen-Umbauten waren zu dieser Zeit abgeschlossen. Danach fanden in erster Linie nur noch Ergänzungen statt. Zur gleichen Zeit endete auch die Erweiterung des Eisenbahnnetzes, nach 1920 wurden kaum noch neue Bahnlinien in Mitteleuropa gebaut, jedenfalls nicht mehr mit dem früheren Schwung. Der städtebauliche Einfluß der Eisenbahn war damit jedoch nicht gestoppt. Nach dem Zweiten Weltkrieg, teilweise auch dessen schreckliche Verwüstungen ausnützend, kam es zu Streckenkorrekturen, unterirdischen Verbindungen usw. Etwa vom Jahre 1960 an begann auch ein gewisser Verfall, der Schienenverkehr wurde aus dem Lokalverbindungsverkehr schrittweise zurückgedrängt, es wurden Bahnhöfe und Strecken aufgelassen. Ihren Abbruch oder ihre Weiterverwendung zu verfolgen, ist aber nicht mehr die Aufgabe unserer Abhandlung. Bemerkt werden muß aber, daß das gleichzeitige Ende der Dampftraktion das Verhältnis von Eisenbahn und Siedlung zueinander, besonders unter dem Gesichtspunkt des aufkommenden Bewußtseins für eine Notwendigkeit des Umweltschutzes, günstig beeinflußte.

Inwiefern sich die Eisenbahntechik dieses Baugeschehens, hinsichtlich der Baukonstruktionen, ihrer Aufgaben, Stilmerkmale und städtebaulichen Gegebenheiten bedient hat, inwiefern sie diese beeinflußt hat, soll in den folgenden Kapiteln bei den einzelnen Zweckbauten entsprechend behandelt werden.

1. Der Hallenbau aus Holz

Der Holzbau

Der Bau mit Holz ist eine der ältesten Bauarten, da Holz von Hand bearbeitet werden konnte. Selbst in jenen Gebieten, in denen zur Errichtung von Mauern üblicherweise Lehm, Steine und Ziegel verwendet wurden, zimmerte man zumindest den Dachstuhl aus Holz, selbst wenn man dieses aus weit abgelegenen Forstgebieten beschaffen mußte.

Bereits im Altertum erreichte die Zimmermannstätigkeit den Rang einer Kunst, ihre Werke kennen wir leider nur indirekt aus Beschreibungen. Die offenen Dachstühle der altchristlichen Kirchenhallen sind uns aber wenigstens mit den Mauern, an denen sie angesetzt waren, überliefert; sie rechtfertigen diese Auffassung. Die nachfolgend in der Karolingerzeit und im Mittelalter bis um das 11. Jahrhundert herum erbauten Dachstühle aus Holz waren um so bedeutungsvoller, als die schon zur Römerzeit hochentwickelte Gewölbe-Mauerungstechnik im Zuge der Völkerwanderung in Vergessenheit geraten war, um dann in der gotischen Gewölben wieder zu Bedeutung zu kommen. Zu diesem Zeitpunkt betrachtete man vielerorts die überliefert gebliebenen Bogengewölbe der Antike als Teufelswerk.

Die Holzbauweise beschränkte sich jedoch keineswegs nur auf den Dachstuhl, es wurden auch vielerorts Wände gezimmert. Zu Beginn unserer Zeitrechnung hat das aus Holz gebaute Haus in Nordeuropa und im Alpenland weite Verbreitung gefunden. Dies geht auch aus dem Werk des römischen Geschichtsschreibers Tacitus, »De origine et situ Germanorum«, der einzigen in der römischen Literatur bekannten länderkundlichen Monographie und wichtigstem Zeugnis der Germanenkunde, hervor. Zwar drang der Steinbau von Süden her immer weiter vor, vielerorts hielt man aber an der alten Holzbauweise in immer vollkommenerer Art fest. Im frühen Mittelalter verbrauchte man zu einem Bau allzuviel Holz, erst die besseren Anschlußarten und die Aufteilung der Dachkonstruktionen in Binder- und Leergesparre, wobei die Last der Dachhaut mittels Pfetten auf die Binderstände übertragen wurde, brachten im 14. und 15. Jahrhundert wirtschaftlichere Lösungen hervor. Zu diesem Zeitpunkt hatten sich auch die Holzdecken entwickelt, da sie für die mehrgeschossigen

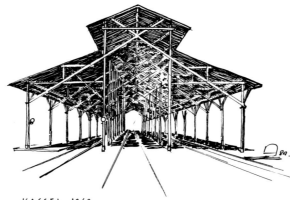

KASSEL 1848

Wohnhäuser und bei den Bauten mit nutzbaren Dachböden unerläßlich waren. Die Holzverbindungen wurden damals zumeist ohne Eisenbestandteile ausgeführt, Holznägel und Keile dienten zum Zusammenhalt der handwerksmäßig behauenen Hölzer, zugbeanspruchte Konstruktionen wurden durch Schwalbenschwanzanschlüsse gesichert.

Vom Fachwerk und vom Dachstuhl ging man schon im Mittelalter zum Hallenbau aus Holz über, er stellte die historische Perfektion des Holzbaues dar. Immerhin konnte man schon im reifen Mittelalter prachtvolle Ergebnisse erzielen: der »Salla ragione« in Padua besaß eine lichte Weite von 27 Metern. Eine Weiterentwicklung stellte der Bohlenträger des französischen Baumeisters Philibert de l'Orme (1518–1577). Bald darauf kamen auch eiserne Nägel, Schraubenbolzen, Bügel und Zugbänder zur Anwendung, und bis zum 18. Jahrhundert entwickelte die Zimmermannskunst den Dachstuhlbau zu einer Perfektion räumlichen Stabwerkes. Man konnte sich Gewölben und Kappen anpassen, konnte den Untergurt zum Tragen einer das Gewölbe nachahmenden Holzkonstruktion ausbilden. Für größere Spannweiten bediente man sich der Hänge- und der Sprengwerke. Auch Brücken wurden in dieser Konstruktionsweise erstellt. Im frühen 19. Jahrhundert führte der französische Oberst Emy einen neuen Bogenbinder ein, sein Schüler Ardent konstruierte aus hölzernem Fach-Stabwerk scheunenartige Hallendächer.

Dies war der Entwicklungsstand, als mit dem hereinbrechenden frühen Industriezeitalter Produktionsstätten und Hallen in immer größerer Zahl und in neuer Bauweise benötigt wurden. Der gleichzeitige Beginn des Eisenbahn-Zeitalters erforderte die Errichtung einer großen Anzahl von Hallen und Schuppen, die zum einen die Reisenden und die abfahrenden beziehungsweise ankommenden Züge zu beherbergen hatten, andererseits der Unterstellung von Lokomotiven und Wagen dienten. Die für diese Hallen notwendigen Holzkonstruktionen standen zur

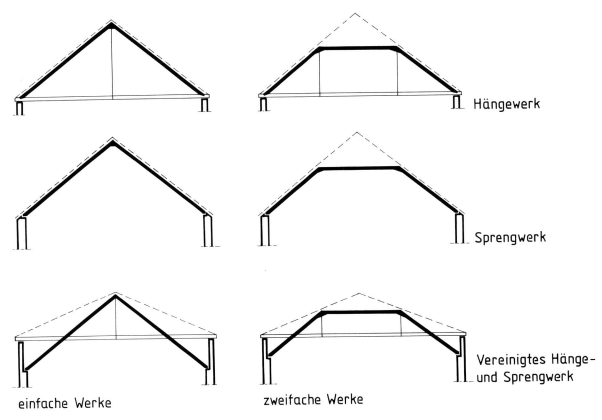

Hallendachstühle aus Holz gezimmert. Kräftespiel der verschiedenen Bauarten. (Stärker gezeichnet sind die druckbeanspruchten Stäbe, dünn und senkrecht die zugbeanspruchten Hängestäbe.

Hängewerk

Sprengwerk

Vereinigtes Hänge-
und Sprengwerk

einfache Werke

zweifache Werke

Verfügung. Es war möglich, ohne größere Schwierigkeiten ein bis vier Gleise überspannende Bahnhofshallen zu bauen. Sie waren höchstens insoweit ihrer neuen Aufgabe anzupassen, indem man den Rauchabzug oder die Beleuchtung mittels erhöhten Mittelbauten oder Dachreitern sicherte. Im Gegensatz zu diesen bereits ausgereift zu Verfügung stehenden Holzkonstruktionen kamen die aus Eisen konstruierten Hallen erst mit der Zunahme des Eisenbahnverkehrs und der enorm wachsenden Indústrie hervor, sie wurden aufgrund der Ansprüche an die großen Stadtbahnhöfe zur technischen Perfektion gebracht.

Der Holzbau brachte im Laufe der folgenden Zeit noch einige weitere interessante Konstruktionen hervor, wir werden ihnen bei der Besprechung der Hallensysteme noch begegnen. Im Jahre 1905 meldete der Weimarer Baumeister Hetzer ein Patent für seinen verleimten Brettschichtträger an, der sich jedoch erst nach dem Zweiten Weltkrieg, dann aber weltweit verbreitete. Im gesamten Holzbau ging man schon zu Anfang des 20. Jahrhunderts auf neue Metall-Knotenpunkt-Verarbeitungen mit Ringen, Dübeln, Schrauben, Nagelplatten usw. anstelle der alten Anschlüsse über. Damit wurden die Dachstuhl- und Hallenbinder statisch exakt erfaßbar: es entstand aus der alten Zimmermannskunst die neue »Ingenieur-Holzbauweise«. Zahlreiche Patente (Tuchscherer, Christoph und Unmack usw.) sorgten für eine große Vielfältigkeit bei Konstruktionen mit ausladenden Stützweiten.

Zusammenfassend kann festgestellt werden, daß in den vergangenen anderthalb Jahrhunderten, also in der Zeitspanne, die wir als das Eisenbahn-Zeitalter bezeichnen, sich der Holzbau von einer Handwerkskunst zu einer exklusiven Bauweise entwickelt hat. Die Eisenbahnhallen hatten hierzu einen großen Beitrag geleistet.

Konstruktionsweisen der Holzhallen

Für die Dachstühle von Hallen bis zu einer lichten Weite von etwa 15 Metern eignete sich der einfache *Dreieckbinder*. Der die Dachhaut tragende Obergurt wurde mittels eines unteren, in der Mitte aufgehängten Zugbandes im Gleichgewicht gehalten. Auf die Stützen wirkte dessen zufolge nur eine rein senkrecht wirkende Kraft. Bei Spannweiten bis etwa 20 Metern bediente man sich oft der Hänge- und der Sprengwerke oder ihrer Kombination. Das Hängewerk ist ein Binder, bei dem der Untergurt an einem meistens jedoch an mehreren Punkten zu den auf Druckspannung in Anspruch genommenen Stäben hängend befestigt ist. Beim *Sprengwerk* – man kann es eigentlich auch den Hängewerken zuordnen – stützt sich der Binder mittels der seitlichen schräglaufenden Stabelemente auf die Seitenwände ab. Bei einer Kombination der Hänge- und Sprengwerkanordnung überschneiden die schrägen Stäbe den Untergurt, wobei sich außer den Sprengwerksstützen im oberen Binderbereich die Möglichkeit einer hängenden Anfassung der horizontalen Gurte ergibt. Die Zeichnungen veranschaulichen dies. Es gibt natürlich unbeschränkte Kombinationsmöglichkeiten. Die als Güterschuppen und Wagenschuppen gebauten Hallen waren zur Mitte des vergangenen Jahrhun-

13

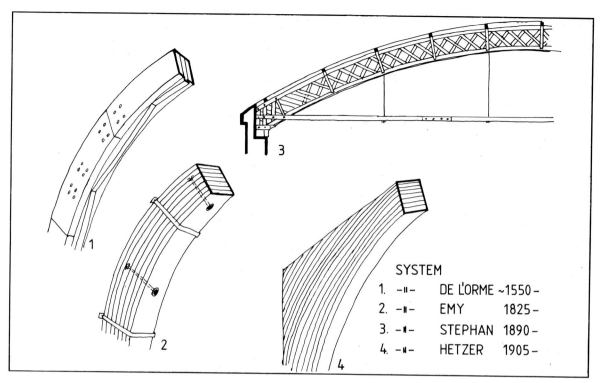

SYSTEM

1. –''– DE L'ORME ~1550 –
2. –''– EMY   1825 –
3. –''– STEPHAN 1890 –
4. –''– HETZER   1905 –

Bogenbinderarten aus Holz. Beim System de l'Orme werden stehende Bohlenteile zu einem Binder vernagelt. Beim System Emy sind liegende Bohlenstücke verleimt und vernagelt zum Binder verarbeitet. Das System Stephan-Dach ist ein aus Bohlen zusammengesetzter parallelgurtiger Fachwerkträger. Der moderne Brettschichtträger nach der Erfindung Hetzers ist aus verzinkten Lamellen ausschließlich durch Leimverbindung hergestellt.

derts vorwiegend mit Sprengwerken errichtet, auch Kombinationen waren häufig (siehe die Anlagen der Hannoverschen Eisenbahnen). Der Architekt Friedrich Eisenlohr bediente sich bei seinen Hallenbauten für die Badischen Eisenbahnen in erster Linie der Dreiecksbinder.
Bereits seit der frühesten Anwendung von Dachstühlen gibt es außerdem *Bogenbinder.* Der Bogenbinder kann durch die geschickte Zusammenstellung des gezimmerten Dach-

stuhles aus einer Vieleckform der Stäbe zusammenkommen (wie beispielsweise bei der Bahnhofshalle in Harburg). Die Binderform kann aus zusammengesetzten Bretterschichten bestehen, wobei die einzelnen, immer vertikal liegenden kurzen Elemente vernagelt oder mit Dübeln befestigt, in ihrer Gesamtheit den Bogen ergeben. Dies ist das System von de l'Orme. Der Dresdner Bahnhof in Leipzig war in dieser Konstruktionsweise errichtet. Beim moderneren *System Emy* (z.B. Bürkleins Bahnhofshalle in München) werden die einzelnen Bohlen aufeinandergelegt und verborgen zusammengenagelt. Bogenbinder mit parallellaufenden und kreuzförmig verstrebten Gurten werden nach ihrem Erfinder, dem Düsseldorfer Architekt, *Stephan-Binder* genannt. Dieses System wurde beim Kopenhagener Bahnhof im Jahre 1912 angewandt, die Binder stehen bis heute. Sind die im Emy-Binder ähnlich ange-

brachten Brettschichten verleimt, haben wir einen *Hetzer-Träger* vor uns, dessen Anwendung als Brettschichtträger eine der Grundlagen für den modernen Holzbau darstellte. Dieser Träger soll schon vor dem Ersten Weltkrieg bei den Lokomotivschuppen in Weimar und Erfurt sowie bei einigen Bahnsteigdächern angewandt worden sein.
Außer den Brettschichtträgern gibt es noch weitere moderne Holzbinderbauweisen (Trigonit, Dreiecksstabbau, Greim, usw.), außerdem bietet die aus Latten zusammengesetzte hyperbolische Paraboloidfläche eine weitere Möglichkeit zum modernen Holzbau (Bahnsteigdach im Bahnhof Tylburg in den Niederlanden).

Einige wichtige Hallen aus Holz zum Beginn des Eisenbahn-Zeitalters

Die erste deutsche Eisenbahn von Nürnberg nach Fürth ließ im Jahre 1835 ihre Hallen zimmern, ihre einfache Konstruktion von imposanten Ausmaßen wurde dank einer Rekonstruktion anläßlich der 150-Jahr-Feier im Jahre 1985 allgemein bekannt, obwohl lediglich eine Stirnsektion, also ein kurzer Teil der einstigen Halle, nachgebaut wurde.
Beim Bau der ersten deutschen Fernbahn von Leipzig nach Dresden, die 1839 in Betrieb genommen wurde, baute man an den Endpunkten ebenfalls Hallen aus Holz. Jene in Leipzig sogar mit Bogenbindern. Bereits im Jahre 1840 erreichte auch die Magdeburger Bahn Leipzig, sie errichtete ebenfalls eine aus Holz gebaute Halle, unmittelbar neben dem Dresdner Bahnhof. Sie bediente sich des Fachwerkes und eines dazu passenden Dachstuhles. Die Thüringische Eisenbahn baute ihren Bahnhof 1856 daneben, und damit auch die dritte Halle. Zu Beginn des 20. Jahrhunderts konnten mit der Errichtung des Hauptbahnhofes diese drei alten Bahnhöfe entbehrt werden. Der Bayrische Bahnhof in Leipzig, den die Sächsisch-Bayrische

Bahnhof Nürnberg der Ludwigsbahn 1835. Links im Bild die gezimmerte Holzhalle der ersten deutschen Eisenbahn. Rechts ist eine zweite Halle zu sehen, sie wurde bald nach Eröffnung der Strecke für die Wagen errichtet und konnte über zwei Drehscheiben erreicht werden.

Der Dresdner Bahnhof zu Leipzig, 1839. Hinter der Stirnwand stand eine vier Gleise beherbergende Halle mit Bogenbindern, vermutlich in der Bauart de l'Orme aus Bohlen gezimmert. Die Halle wurde 1864 abgebrochen, um einer neueren Anlage Platz zu machen. (Foto: Sammlung R. Preuß)

Eisenbahn im Jahre 1842 errichten ließ, steht auf der anderen Seite der Leipziger Innenstadt und überlebte mit einigen Resten bis heute. Er war sicher der schönste unter den Leipziger Bahnhöfen, weil der Mittelbau, der mit seinen vier Torbögen und den beiden flankierenden Türmen die Stirnwand der Halle bildete, noch beiderseits mit je einem Steinbau für Verwaltung und Dienstwohnungen ergänzt war, und all dies in klassizistischem Stil. Der Dachstuhl war ein Meisterwerk, mit seinem beachtlichen Binderabstand von zehn Metern könnte man ihn fast schon dem Holz-Ingenieurbau zuschreiben. Er ging am 4. Dezember 1943 bei einem Luftangriff zugrunde.

Es sei hier vermerkt, daß eben jene Sächsisch-Bayrische Eisenbahn am Endpunkt ihrer ersten Bauetappe, in Altenburg, ebenfalls eine stattliche Bahnhofshalle mit einem Dachstuhl aus Holz errichten ließ, und, was recht eigenartig ist, ihr eine ähnliche, zweite als Güterschuppen zur Seite stellte. Als man die Strecke verlegte und weiterbaute, wurde dieser Kopfbahnhof bald aufgelassen.

Wie schon erwähnt ließen die Badischen Ei-

Am Leipziger Bahnhof in Dresden stand eine Halle mit Holzdachstuhl. In diese Halle führten durch zwei Bogentore jeweils zwei Gleise. Rechts ist das Empfangsgebäude, links das Restaurant zu sehen, im Hintergrund beiderseitig die Giebel der gezimmerten Güterschuppen. (Zeitgenössische Lithographie von C. W. Arldt)

In Mannheim, am Endpunkt der badischen Eisenbahnmagistrale, stand der von Friedrich Eisenlohr entworfene und 1840 eröffnete Bahnhof mit einer zweischiffigen Holzhalle für vier Gleise. Es war eine Dreieckbinder-Konstruktion mit Aufsatz für die Entlüftungsschlitze. Die Giebelwände waren mit Schnitzereien verziert.

Mannheim. Bahnhofshallenschiff (eine Hälfte der Anlage), 1840 von Eisenlohr erbaut. Die etwa 12 Meter Hallenbreite werden mit einem verstrebten Dreieckbinder, dessen Kräftespiel angedeutet ist, überbrückt.

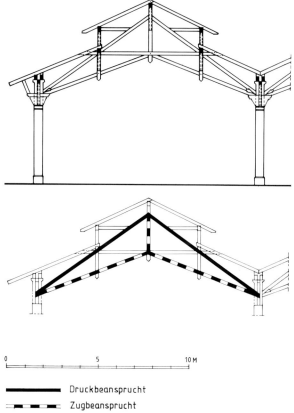

0   5   10 M

——— Druckbeansprucht
- - - - Zugbeansprucht

senbahnen ihre schönen Bahnhofshallen von dem namhaften Architekten Friedrich Eisenlohr (1805–1854) errichten. In Mannheim und Heidelberg standen Hallen mit je zwei Schiffen, ihre Dachkonstruktion bestand aus einfachen Dreieckbindern, die Stirnflächen waren verziert.

Die Bahnhofshalle mit der ansprechendsten Raumwirkung, soweit man aus zeitgenössischen Abbildungen ein Urteil fällen kann, dürfte jene der Hamburg-Bergedorfer Bahn in Hamburg – man nannte diesen Bahnhof später »Berliner Bahnhof« – gewesen sein. In der zweiten Bauetappe war sie unter der Leitung des Architekten Alexis de Chateauneuf (1799–1853) aus der ebenfalls von diesem erbauten ursprünglichen Halle als Erweiterung entstanden.

Als die solidest bauende deutsche Eisenbahn der Anfangszeit gilt die Hannoversche Staatsbahn. Im Bahnhof Hannover wurde im Jahre 1847 ein prachtvolles Empfangsgebäude eröffnet (die erste von hier ausgehende Strecke war schon vier Jahre zuvor bis Lehrte in Betrieb genommen worden), es hatte eine Bahnhofshalle mit einem äußerst ungewöhnlichen Dachstuhl mit Sprengwerk (siehe Seite 18). Die Stirnwand der Halle wies drei Mauerbögen auf, davon wurden jedoch nur durch zwei von ihnen Gleise gelegt, hinter dem dritten Bogen befand sich der Bahnsteig. Größer dürfte die Halle an der Endstation in Harburg gewesen sein, hier liefen drei Gleise in die Halle, und beiderseits waren Bahnsteige angelegt. Die Anlage in Bremen war jener in Hannover ähnlich, aber kleiner. In Wunstorf stand das Empfangsgebäude auf einem Inselbahnsteig, an seinen beiden Seiten waren die überdeckten Bahnsteige angeordnet. Bei jedem dieser Bauten ist die Halle in die Gesamtkomposition der Architektur musterhaft eingefügt, was im Falle von Hannover und Bremen, mit seinen in Mauerwerk errichteten Hallenstirnwänden, die mit der großzügigen Architektur der Empfangsgebäude in Einklang stehen, zum Ausdruck kommt. Im Falle Harburgs wurde die Zusammengehörigkeit der Holzhalle mit

Je weiter der Bau der Badischen Staatseisenbahnen fortschritt, um so stattlicher wurden ihre Gebäude. Dies ist besonders beim 1845 errichteten Freiburger Bahnhof wahrzunehmen. Die noch immer nach dem Prinzip des einfachen Dreieckbinders gebaute Bahnsteighalle ist hier beiderseits von Nebenschiffen mit gemauerten Außenwänden umgeben, sie überspannen beiderseits der Gleise je einen Bahnsteig und zeigen die damals beliebte romantische Architektur mit Anspielungen auf das Mittelalter. Der Architekt war auch hier Eisenlohr.

dem Fachwerkbau ebenfalls mustergültig gelöst. Daß diese Bauten nicht nur künstlerisch, sondern gleichzeitig zweckmäßig und großzügig angelegt wurden, wird bei dem Bahnhof in Hannover dadurch augenfällig, daß dieser Bahnhof zwar 1879 umgebaut und in späteren Jahren auch erweitert wurde, seine Anlagen sich aber bis zum heutigen Tag am selben Ort in die Stadtstruktur einfügen.

In Frankfurt am Main entstanden – außerhalb der Wallanlagen – westlich der Altstadt von 1838 an in unmittelbarer Nähe zueinander drei Endstationen: jene der Main-Weser-, der Taunus- und der Main-Neckar-Bahn, man bezeichnete sie als »Westbahnhöfe«. Jeder von ihnen hatte eine schöne aus Holz gebaute Bahnhofshalle. Als erste wurde jene des Taunus-Bahnhofes im Jahre 1839 eröffnet. Aufgrund einer zeitgenössischen Abbil-

Innenansicht der Halle des »Berliner Bahnhofes« am Hamburger Endpunkt der Bergedorfer Bahn, 1846 von Architekt Alexis de Chateauneuf entworfen. Sie erweckt mit ihrer Zimmermannskunst den Eindruck eines im gotischen Stil gehaltenen repräsentativen Raumes. Sie dürfte eine der schönsten aus Holz erbauten Eisenbahnhallen in Deutschland gewesen sein. Die Wirkung soll mittels einer dunkelroten Farbgebung noch erhöht gewesen sein.

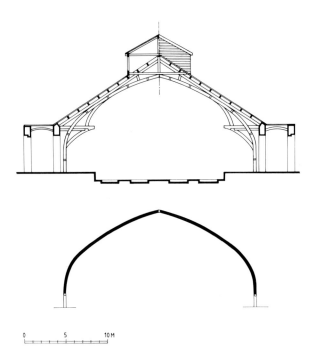

Schnitt durch den Berliner Bahnhof in Hamburg. Das Tragwerk der Halle war ein Dreigelenk-Bogenbinder aus Holz.

dung läßt sich folgern, daß sie dreischiffig war und für vier Gleise errichtet wurde. Von den üblichen Holzhallen unterschied sie sich aufgrund ihres Walmdaches, das dazu noch mit einem passenden Rauchabzug-Aufbau überdeckt war. Die Main-Weser-Bahn hingegen ließ im Jahre 1850 auf ihre Ziegelmauern einen schönen Dachstuhl setzen, es war ein mit Schmiedeeisen-Zugband verse-

Bahnhofshalle mit Holzdachstuhl im alten Bahnhof Hannover, 1847. Wie oft üblich, liegt hinter dem rechten Torbogen kein Gleis, sondern der Bahnsteig. Die Halle ist etwa 16 Meter breit. Der Dachstuhl ist im wesentlichen ein verstrebtes Spannwerk. (In der Skizze ist lediglich das Kräftespiel des druckbeanspruchten Sprengwerkes angedeutet.)

hener und verstrebter Dreieckdachstuhl. Die vier in die Halle führenden Gleise endeten in einer Drehscheibe, die zwischen Halle und Empfangsgebäude mit gebogen angelegten und durchbrochenen Mauern umsäumt war. Schließlich hatte der Main-Neckar-Bahnhof, 1846 eröffnet, ebenfalls eine aus Holz gebaute Halle. Außer diesen Westbahnhöfen stand am Offenbacher Bahnhof der Frankfurt-Sachsenhausen-Offenbacher Bahn, die 1847 den Verkehr auf einer kurzen Strecke von kaum fünf Kilometern eröffnete, ein recht interessanter Bau, dessen holzgezimmerte, einschiffige Halle vermutlich zwei Gleise überspannte. Sie stand aus städtebaulichen Gründen hinter und seitlich des Empfangsgebäudes, das seine Fassade der Stadt zuwandte. Aufgrund der seitlichen Anordnung konnten die Gleise auch in Richtung Stadt weitergeführt werden. Auch der Ha-

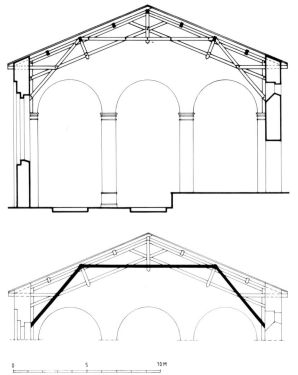

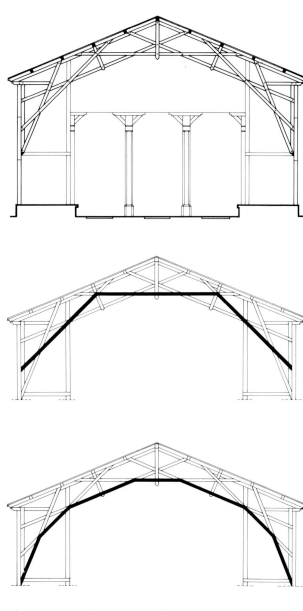

Bahnhofshalle mit Holzdachstuhl im alten Bahnhof Harburg, 1851. Hier führten drei Gleise in die Halle. Den zusammengesetzten Dachstuhl kann man ebenfalls von einem Sprengwerk ableiten, es liegt aber auf der Hand, das Kräftespiel als einen druckbeanspruchten Bogen zu verzeichnen. Die Spannweite betrug etwa 18 Meter.

Rechts: Die Hallen der alten sogenannten Frankfurter Westbahnhöfe, die einst an der Stelle des heutigen Hauptbahnhofes standen. Der Taunus- und der Neckar-Bahnhof hatten Bahnsteighallen aus Holzfachwerk, die Halle des Main-Weser-Bahnhofes besaß einen Dachstuhl aus Holzfachwerkbindern mit geschmiedeten Zugbändern.

Unten: Die von Friedrich Bürklein errichtete Münchner Bahnhofshalle ist eine Konstruktion aus Emy-Bindern aus den Jahren 1847 bis 1849. In der zeitgenössischen graphischen Darstellung sind die Züge stark verkleinert, wodurch die Monumentalität der Halle wächst. Das Detailornament ist ebenfalls stark betont wiedergegeben. (Bundesbahndirektion Nürnberg)

In einer Ansicht aus dem Jahre 1910 gewinnen wir einen aufrichtigeren Eindruck, die Fotografie zeigt jetzt die Halle in der entgegengesetzten Richtung, dem Ausgang zu (da ihre andere Hälfte nicht mehr besteht), leider verschleiert hier die Retusche viele Details. Interessant sind die Neubiedermeier-Fahrkartenschalter an der Seitenwand. Die mit dem geometrischen Ornament gekennzeichnete zweite Periode des Jugendstils bevorzugte solche Gestaltungen.

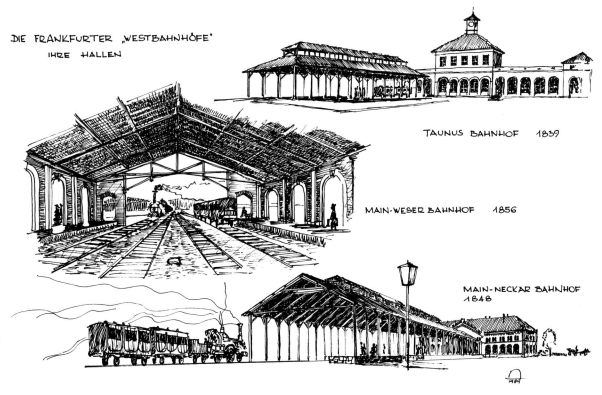

DIE FRANKFURTER „WESTBAHNHÖFE"
IHRE HALLEN

TAUNUS BAHNHOF 1839

MAIN-WESER BAHNHOF 1856

MAIN-NECKAR BAHNHOF 1848

München   Hauptbahnhof. Schalterhalle

19

Die am 12.10. 1853 eröffnete Strecke der Bayerischen Staatseisenbahnen von Oberstaufen nach Lindau erhielt an ihrem Endpunkt eine stattliche Bahnhofshalle, in die zwei Gleise mündeten. Das Mittelschiff, vermutlich ein Sprengwerk-Dachstuhl hob sich über die beiden seitlichen, einem Laubengang ähnlichen Bahnsteige.

nauer Bahnhof, 1848 dem Verkehr übergeben, führte aus der Stadt nach Osten. Vor dem Querbau dieses Kopfbahnhofes standen zwei getrennte, aus Holz erbaute Bahnhofshallen mit Sprengwerk. Dieser später als Ostbahnhof bezeichnete Bau stand bis zum Jahre 1913. Anstelle der sogenannten Westbahnhöfe errichtete man schon 50 Jahre nach dem Beginn des Eisenbahnverkehrs den neuen Hauptbahnhof, dessen Hallen wir im Kapitel über die großzügigen Konstruktionen mit Stahlbindern behandeln werden. Eine der bedeutendsten aus Holz errichteten Halle wurde durch den Architekten Friedrich Bürklein (1813–1872) für den Münchener

Bahnhof in den Jahren 1847 bis 1849 erbaut. Man wandte die damals als hochmodern geltenden Emy-Binder an, bei denen die Bogenbinder von 29 Metern Stützweite aus kurzen Brettstücken zusammengeleimt, dann genagelt, und schließlich mit verziertem Holz verblendet waren. Die Halle bestand aus 24 Bindern und überspannte fünf Gleise. Hierdurch ergab sich eine vorzügliche Raumwirkung. Die gleisfeldseitige Stirnwand hatte den Gleisen entsprechend fünf Torbögen, über denen ein großes, dem Mittelalter nachempfundenes rundes »Rosettenfenster« angebracht war, das zur Beleuchtung der Halle beitrug. Diese Ausbildung der Stirnwand ähnelt derjenigen, die beim Bahnhofsbau in Pest kurze Zeit zuvor durch den Ingenieur Sprenger – allerdings auf der Stadtseite – angewandt wurde. Die Münchener Halle ist auch deshalb von großer Bedeutung, weil sie lange Zeit überdauerte und damit großen Einfluß auf weitere Bauten ausüben konnte. Nach dem Umbau von 1884 wurde ein Teil von ihr bis zu ihrer Zerstörung im Jahre 1944 als Schalterhalle benutzt; ihre einstige großzügige

Wirkung konnte sie dabei natürlich nicht mehr entfalten.

Auch in anderen wichtigen Bahnhöfen ließen die Bayerischen Staatseisenbahnen interessante Hallen in Holzbauweise errichten. So beispielsweise in Lindau im Jahre 1853. In Stuttgart errichtete man unter der Leitung des berühmten Eisenbahningenieurs Karl von Etzel (1812–1865) den ersten Zentralbahnhof der Württembergischen Staatseisenbahnen. Da Etzel im Hochbau ausgebildet war, darf man vermuten, daß er das Dreieckbinder-Hallendach selbst entworfen hat.

In der Schweiz begann das Eisenbahn-Zeitalter mehr als zehn Jahre später als in Deutschland und Frankreich. So konnte man sich an im Ausland bereits bewährten Anlagen und Bauten orientieren. Dies ist an der Vielzahl der aus Holz gezimmerten Bahnhofshallen deutlich zu erkennen. Auch die

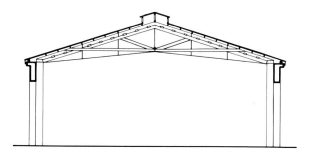

Bahnsteighallendach aus Holz im ersten Stuttgarter Bahnhof, 1846, Ingenieur Beckh. Hallenbreite und Dachstuhlspannweite: 24,6 Meter.

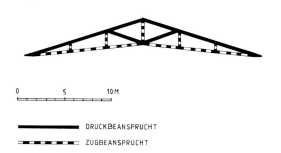

0   5   10 M

———————— DRUCKBEANSPRUCHT

-·-·-·-·-· ZUGBEANSPRUCHT

Schweizerische Nordbahn errichtete im Jahre 1847 zur Eröffnung ihrer Strecke solche Holzhallen. Der dem Limmatufer zugewandte Kopfbahnhofsbau wies einen Vorbau mit fünf Torbögen auf. Er besaß zwei Hallenschiffe mit gemauerten Seitenwänden. Etwas verspätet wurde die lediglich einschiffige Halle am anderen Endpunkt der Strecke in Baden fertiggestellt. Sie hatte einen auf gemauerte Pfeiler gesetzten Dachstuhl mit Sprengwerk, dessen Horizontalschubkräfte durch Verstrebungen aufgefangen wurden. Diese Halle überspannte zwei Gleise. Sie stand durch einen gezimmerten verandaartigen Flur in Verbindung zum Empfangsgebäude. Daß die Errichtung einer solchen Halle noch immer mit technischen Schwierigkeiten verbunden gewesen war, zeigte sich beim Bau der Badener Halle: einige Pfeiler wurden bei den Bauarbeiten im Jahre 1847 »schiefgedrückt«, was einen enormen Mehraufwand an Zeit und Kosten bedeutete. Die Badener Halle bestand bis zum Jahre 1912, jene in Zürich wurde bereits im Jahre 1867 anläßlich der Neugestaltung des Hauptbahnhofes abgebrochen.

Die Schweizerische Centralbahn gab sich beim Bau von schönen Bahnhofshallen aus Holz besondere Mühe: Ende der fünfziger Jahre des vergangenen Jahrhunderts errichtete sie nach Entwürfen ihres Ingenieurs L. Maring stattliche Bauten in Aarburg, Herzogenbuchsee, Burgdorf, Thun, Basel und Luzern. Sie waren vom Typ des mit eisernen Zugbändern versehenen Holzbinders, auf Holz-Stützen, mit dreibögiger Stirnwand, die Giebel waren mit Schnitzereien verziert. Ihre beachtliche Länge – jene von Aarburg betrug 95 Meter – gewährleistete die Aufnahme von Zügen, die aus vielen Wagen bestanden. Auch in den beiden bedeutenden Stadtbahnhöfen von Bern und Basel ließ die SCB nach Plänen von Maring ihre Bahnhofshallen errichten. Die charakteristische Berner Halle mit ihrem das Stadtbild markanter als üblich prägenden Satteldach war einerseits ein aus-

Baden, 1847. Zeitgenössische Abbildung des Schweizer Bahnhofes. Es ist sichtbar, daß die Halle ein Dach aus Sprengwerk hat, das sich auf gemauerte Pfeiler stützt. Halle und Empfangsgebäude waren miteinander verbunden.

Chur. Die aus Holz gezimmerte schöne Bahnhofshalle der einstigen Vereinigten Schweizer Bahnen aus dem Jahre 1860, ein Werk von Johann Jakob Breitinger. Im Bild aus den zwanziger Jahren steht diese Halle noch, man sieht auch das zweite Empfangsgebäude, das 1878 fertiggestellt wurde.

Am in Ungarn gelegenen Endpunkt der Abzweigung von der Wien – Gloggnitzer Bahn, in Sopron (Ödenburg), errichtete 1847 der berühmte Eisenbahningenieur Mathias Schönerer eine gemauerte Eisenbahnhalle mit Dachstuhl für ein Walmdach. Sie stand unabhängig vor dem Empfangsgebäude. Spätestens 1865 wurde sie abgerissen.

gereiftes Beispiel des Holzhallenbaues, andererseits aber bereits 1857, dem Jahr in dem sie erbaut wurde, in ihrer innerstädtischen Umgebung fast schon ein Anachronismus (der durch die alsbaldige Weiterführung der Gleise und den Umbauten zum Durchgangsbahnhof offensichtlich wurde). Schweizerische Sparsamkeit ließ die Halle ein Jahrhundert lang bestehen, sie fungierte als Vorhalle zu den Bahnsteigen, die sich an die Böschung der großen Schanze schmiegten. Ähnlich wie die Halle in München überlebte sie in dieser »untergeordneten« Funktion, bis der neue Bahnhof in den sechziger Jahren unseres Jahrhunderts verwirklicht wurde, ihr Anschluß an die Bahnanlagen war aber, ohne Gleise und mit vielen Neubauten, wenig überzeugend.

An den Baseler Centralbahnhof (1860) – dessen Stadtfassade eine der schönsten in Europa gewesen sein dürfte – lehnten sich an den langgestreckten Bau des Empfangsgebäudes zwei Holzhallen an, nach Westen bzw. nach Osten voneinander abgesetzt um

Die k.k. priv. Südbahn-Gesellschaft hatte an mehreren bedeutenden ihrer Bahnhöfe Hallen gezimmert, sie waren meist einschiffig mit dreibögiger Einfahrt. In Pragerhof, am Anfang der Karstbahn, stand die Halle unabhängig, in Nabresina an das Empfangsgebäude angelehnt, beide wurden 1857 eröffnet (beide Bahnhöfe gehören heute zu Jugoslawien). Hinter ihren drei Bogeneinfahrten lagen aber nur je zwei Gleise, Pragerhof hatte in der Mitte, Nabresina (auf der folgenden Abbildung) seitlich einen Bahnsteig unter dem Dach.

den Betrieb der Französischen Ostbahn und der Schweizerischen Centralbahn zu dienen.

Die Lyon-Genfer Bahn ließ ihren Bahnhof – angeblich auch von Karl von Etzel erbaut – mit einer ansprechenden Halle in Genf im Jahre 1858 einweihen. Bereits im Jahre 1856 ließ die St. Gallen-Appenzeller Bahn in St. Gallen eine Bahnhofshalle aus Holz errichten. Die Vereinigten Schweizer Bahnen bauten in Chur, Glarus und Rorschach Bahnhofshallen nach Plänen von Johann Jakob Breitinger. Eine zeitgenössische Abbildung des Churer Baues überzeugt uns davon, daß es sich um eine mustergültige Hängewerkkonstruktion handelt. Die Badische Staatseisenbahn hatte ihren südlichen Endpunkt in Basel mit einer Bahnsteighalle von Eisenlohr versehen. Sehr ansprechend waren auch die Bahnsteighallen der Nordostbahn, die in Aarau (1859), Winterthur (1861) und Schaffhausen (1869) errichtet wurden. Die Architekten der Nordostbahn waren Fr. Seitz und Jakob Friedrich Wanner, dessen späteres Hauptwerk im Eisenbahnbau die Errichtung des Hauptbahnhofes in Zürich war.

In Wien entstanden die einmaligen und recht schön anmutenden Anlagen des Gloggnitzer und des Raaber Bahnhofes, wobei es die beiden Hallen waren, die die architektonische Wirkung erzielten. Sie standen mit auseinanderstrebenden Gleisanlagen einander schräg gegenüber. Ihre Gleisfelder waren im Hintergrund miteinander verbunden, ein Verwaltungsbau mit Restaurant stand in der Mitte. Die strenge Symmetrie deutet auf den Geist des Klassizismus. Als erster der beiden wurde der Gloggnitzer Bahnhof errichtet und 1842 eröffnet, im Jahre 1846 folgte als zweiter der Raaber Bahnhof. Beide Hallen besaßen Dachstühle für Walmdächer mit etwa 22 Meter Spannweite, aus Holz gezimmerte Dreieckbinder mit schmiedeeisernem Zugband, das im Scheitelpunkt aufgehängt war. Die Stirnwand der Halle hatte einen gemauerten Aufsatz, darunter zwei große Tor-

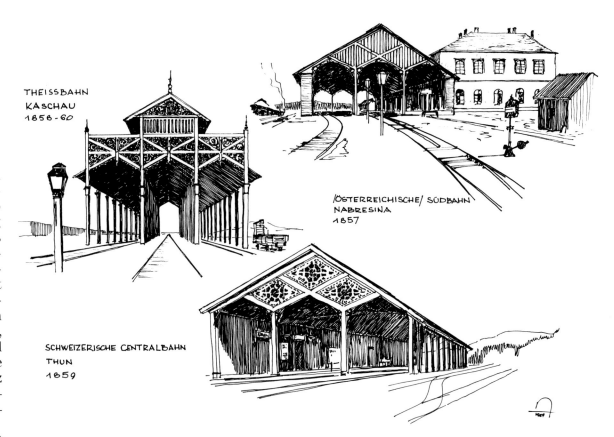

THEISSBAHN KASCHAU 1858-60

/ÖSTERREICHISCHE/ SÜDBAHN NABRESINA 1857

SCHWEIZERISCHE CENTRALBAHN THUN 1859

Bahnhofshallen aus Holz oder mit Holzdachstuhl. Der Hallentyp der ungarischen Theiß-Bahn wurde in Wien entworfen und in sieben Bahnhöfen errichtet. Die k.k. priv. Österreichische Südbahn baute etwa zehn Holzhallen an ihren Endpunkten, an der Plattenseestrecke, aber auch auf der Karstbahn, so in Nabresina (heute Jugoslawien). Die Schweizerische Centralbahn baute ihren Holzhallentyp zur gleichen Zeit bei mehreren Bahnhöfen nach den Entwürfen von Ingenieur Ludwig Mahring.

öffnungen, von denen jede auf zwei Gleisen Einfahrt bot. Die gleich große Raaber Halle hatte aber insgesamt nur zwei Gleise, da die Strecke vorläufig nur bis Bruck a.d. Leitha geführt wurde und weniger Verkehr zu erwarten war. Als dann ihr Verkehr angewachsen war, gehörten die beiden Strecken verschiedenen Bahngesellschaften (Südbahn und Staatseisenbahngesellschaft), was deren Einheit sprengte. Ihre neuen Hallen hatten bereits eiserne Dachbinder, sie werden im nächsten Kapitel erwähnt.

Es wird angenommen, daß der berühmte österreichische Eisenbahn-Ingenieur Mathias Schönerer die Anlage in Wien errichtete. Ihm werden auch die beiden Hallen an den Endpunkten der sich gabelnden Strecken in Gloggnitz und in Ödenburg/Sopron zugeschrieben.

Interessanterweise bot der erste Nordbahnhof in Wien seinen Reisenden keine Bahnhofshalle, jedoch wurde eine Halle in Wagram errichtet. Sie hatte einen aus Holz gezimmerten Dachstuhl auf gemauerten Pfeilern. Ähnliche Hallen baute die kk. priv. Südbahn

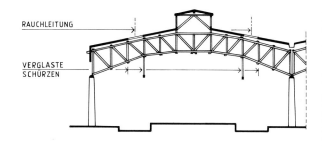

RAUCHLEITUNG

VERGLASTE
SCHÜRZEN

0   5   10 M

Der neue Stuttgarter Hauptbahnhof, der nach Entwürfen der Architekten Paul Bonatz und Scholer 1914 bis 1927 errichtet wurde, hatte ursprünglich eine achtschiffige Bahnhofshalle, welche mit Parallelgurten als Fachwerkträger in Ingenieur-Holzbauweise errichtet wurde. Die Hallenabschnitte waren etwa 20 Meter weit gespannt. In Bahnsteigmitte waren Dachreiter für die Beleuchtung, über den Gleisen Schlitze für die Rauchableitung eingerichtet.

Bahnsteighalle des Stuttgarter Hauptbahnhofes, Aufnahme um 1922. Zwischen den verglasten Seitenschürzen ist der mittlere Teil der in Ingenieur-Holzbauweise errichteten Fachwerkbinder zu sehen. (Archiv Stuttgart Hbf)

in Österreich und Ungarn auch noch später, und zwar auf ihren Strecken über den Karst zur Adria und deren Verbindung nach Ofen (Buda) in den Jahren 1857 bis 1861. Jene in Pragerhof stand am Schnittpunkt der Stammstrecken. Da die Ungarische Theiss-Bahn ihre Bauentwürfe in Wien anfertigen ließ, ähnelten deren Holzbau-Hallen ebenfalls jenen der Südbahn. Sie zeichnen sich durch ihre reine Konstruktion aus, auch die Stützen und Pfeiler waren aus Holz gezimmert.

Die ersten beiden Jahrzehnte im Eisenbahnbau waren in erster Linie den Hallen aus Holz gewidmet, danach baute man nur noch Stellwerkshäuser, Güterschuppen und kleinere Lokalbahnhöfe in Fachwerk aus Holz. Für die Bahnhofshallen verwandte man in der zweiten Hälfte des 19. Jahrhunderts fast ausschließlich Eisen und Stahl. Auch als man zum Bau von Bahnsteigdächern überging, bevorzugte man zuerst Stahl, danach auch Stahlbeton. Im frühen 20. Jahrhundert griff man mit den bereits erwähnten Bauweisen, die sich vom Zimmermannshandwerk zum technischen Entwurf eines Ingenieurs wandelten, zum Holzbau. Diese Holz-Ingenieurbauweise hat unter den Bahnhofshallen in Mitteleuropa zwei hervorragende Werke hervorgebracht, das schon erwähnte Stephan-Dach des Hauptbahnhofes von Kopenhagen, das 1906–1911 nach Entwürfen des

Architekten H.E.C. Wenck errichtet wurde
und das einzigartige Bahnsteighallen-System
des Stuttgarter Hauptbahnhofes – gebaut
von Paul Bonatz (1877–1956) und seinem
Mitarbeiter Scholer – das den Zweiten Weltkrieg leider nicht überstand: Errichtet wurde
diese Hallenkonstruktion mit leicht geneigten Oberflächen und mit vom Bahnsteig aus
das Handwerk betonenden sichtbaren Bindern in den Jahren 1910 bis 1927, abgebrannt ist die Halle nach einem Luftangriff in
der Nacht des 22. November 1942. Sie war
noch voll auf den Betrieb mit Dampflokomotiven eingestellt, weshalb zum Rauchabzug
ein ausgeklügeltes Lamellensystem diente.
Diese Lamellen beeinflußten ausschlaggebend die Raumwirkung, die keinesfalls auf
eine Gesamtübersicht des Bahnsteiglebens
ausgelegt war. Das Stuttgarter Hallendach
aus Holz bot eher die Abgeschlossenheit
eines jeden Bahnsteiges und schmiegte sich
mit dem Naturmaterial Holz der Bauweise
des monumentalen Baues aus Stein an. Die
Halle wurde nach dem Zweiten Weltkrieg aus
Stahlbeton neu aufgebaut, auch die Raum-
komposition wurde verändert.

2. Die Bahnhofshallen aus Stahl

Entwicklung der Eisen- und Stahldachkonstruktionen

Für die Überdachung von Räumen hatte man in der früheren Baugeschichte zwei Möglichkeiten: das gemauerte Gewölbe und den gezimmerten Dachstuhl. Erstere war ein druckbeanspruchter Massivbau, die zweite ein aus Stäben zusammengesetztes Fachwerk, bei dem die Stabelemente je nach ihrer Lage auf Zug bzw. Druck oder – zusammengesetzt – auf Biegung in Anspruch genommen wurden. Das neue Baumaterial Eisen fand zum Ende des 18. Jahrhunderts erstmals in England Eingang. In erster Linie fand es bei Räumlichkeiten Anwendung, bei denen man für die industrielle Produktion oder für Lagerzwecke große Flächen ohne störende Stützpfeiler benötigte. Anfänglich wurden hauptsächlich gußeiserne Elemente verwendet, die sich schon im Brückenbau bewährt hatten. Das Gußeisen konnte in der Bautechnik als druckbeanspruchtes Element verwendet werden. So beispielsweise bei der berühmten, erhalten gebliebenen Brücke von Coalbrookdale (1779). Es konnte auch in Holzbinder für Dachstühle als druckbeanspruchtes Eisenelement eingefügt sein. Dies ergab eine bevorzugte Mischbauweise. Es muß jedoch betont werden, daß schon vor dieser neuartigen Anwendung des Eisens als Gußelement bereits jahrhundertelang Schmiedeeisen für Zugbänder von Gewölben und auch für Wand-Binder verwendet wurde. Diese Rolle des Eisens beschränkte sich aber auf quantitativ kleine Massen. Die ersten gußeisernen Eisenbahnbrücken Deutschlands entstanden in Baden.

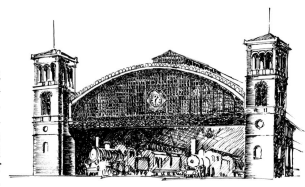

BERLIN POTSDAMER BHF

Ihre Stützweite erreichte bei Balkenbrücken 20 Meter, bei Bogenbrücken etwa 30 Meter. Dem Engländer Henry Cort gelang es bereits im Jahre 1783, mittels eines neuen Verfahrens den Kohlenstoffgehalt des Eisens zu reduzieren. Das so erstellte Schweißeisen bildete in der ersten Hälfte des 19. Jahrhunderts das fortschrittlichste Eisen-Baumaterial, es konnte bereits auf Zug beansprucht werden, und infolge dessen für Fachwerkkonstruktionen Verwendung finden. Im Jahre 1830 erlangte J. Berkinshaw – ebenfalls in England – ein Patent für sein Verfahren zur Herstellung von Walzeisen, wodurch nicht nur eine großzügigere Schienenfabrikation anlaufen konnte, sondern auch Profileisen auf den Markt kam. Nun konnte man die verschiedenen Eisenmaterialien zusammen verwenden: auf gußeisernen Tragsäulen ruhte ein Fachwerk-Bindersystem aus Profileisen, was bereits eine Halle ergab, zwar mit bescheidenen Möglichkeiten hinsichtlich der Spannweite, aber für den Bedarf des beginnenden Eisenbahnbaues sicher ausreichend.

Vor der Anwendung durch die Eisenbahn konnte der Baustoff Eisen bereits auf eine Vergangenheit von einem halben Jahrhundert zurückblicken. Als die Eisenbahn erschien, benötigte sie für ihre Stationen Einsteige- und Abstellhallen in großer Zahl. Dennoch wurde Eisen anfangs nur gelegentlich von den Pionieren der Eisenbahn angewandt, weil man für die damals noch schmalen Hallen ganz einfach zwischen die Gleise Stützen aus Holz stellen konnte. Es war nicht unbedingt eine weitgespannte Halle nötig. Dachstühle mit Elementen aus Eisen wurden besonders in England dennoch schon früh bevorzugt: die Birminghamer Eisenbahn, von London-Euston ausgehend, baute ihre Bahnhofshallen bereits 1838 aus Eisen. Auf dem europäischen Kontinent hingegen bevorzugte man bis zur Mitte des vergangenen Jahrhunderts – teilweise auch noch danach – zumeist die alte Holzbauweise, wie wir sie im vorangegangenen Kapitel besprochen haben. Mit dem immer stärker werdenden Verkehrsaufkommen setzte zwangsläufig die Notwendigkeit von weitgespannten Bahnhofshallen ein, dies trifft zumindest auf die Großstadt-Knotenpunkte zu.

Der Baustoff Eisen selbst erfuhr eine rapide Entwicklung, nicht zuletzt auch wegen seiner immer häufigeren Anwendung im Eisenbahn-Brückenbau. Die daraus resultierenden Vorteile für die Konstruktion von weiter gespannten Hallen deckten sich mit den Ansprüchen des Bahnhofsbaues zur Errichtung von Bahnhofshallen für mehrere Gleise und stützenloser Überdachung. Die zweite Hälfte des 19. Jahrhunderts, das eigentliche Eisenbahn-Zeitalter, wurde nun auch die große Zeit des Hallenbaues aus Eisen und Stahl.

Wie Christian Schädlich treffend definierte, ist »das Eisen... der erste Baustoff, der nach jahrhundertelangem ausschließlichem Gebrauch von Stein, Ziegel und Holz in die Baukonstruktionen eindrang. Das neue Material hob die Baukonstruktionen auf eine qualitativ höhere Stufe, eröffnete ihnen vorher kaum geahnte Möglichkeiten. Die Eisen- und Stahlbauweise verkörpert die erste Etappe der im 19. Jahrhundert beginnenden tiefgreifenden Umwälzung der Bautechnik«.

Die erste Anwendung des neuen Baustoffes erwies sich besonders in der Ausbildung von aus Stäben zusammengesetzten Fachwerk-Bindern als nützlich. Die Fachwerk-Binder unterschieden sich ihrer Anordnung nach. Neben dem aus dem Holzbau bekannten einfachen Dreieckbinder gab es verschiedene Anordnungen. Der Mann, der den Bahnhofshallenbau und den Schuppenbau mit seiner Dachbinderkonstruktion auf der ganzen Welt ausschlaggebend beeinflußte, war der französische Ingenieur Jacques Camille Polonceau (1813–1859), der auch als Eisenbahningenieur ein ideenreicher Bahnbrecher war. Als Angestellter der Paris-Orleans-Bahn baute er 1837 für die Strecke nach Versailles ein Hallendach seines Systems, es eignete sich für Spannweiten bis über 40 Meter und wurde, wie wir später noch sehen werden, vielerorts angewandt. Auch konnte man es hervorragend in Mischbauweise, mit mittleren gußeisernen Streben, als Holzfachwerk-Binder verwenden. Der Deutsche R. Wiegmann geriet mit Polonceau wegen der Priorität dieses unterspannten Balkenträgers in Streit, beide dürften gleichzeitig ihre Erfindung gemacht haben, die Technikgeschichte schreibt sie – vielleicht zu Unrecht – Polonceau zu.

Zur Mitte des vergangenen Jahrhunderts eröffnete sich damit bereits die technische Möglichkeit zu Errichtung weitgespannter Hallendächer, die für die großen Bahnhöfe erforderlich waren. Deren Bau setzte bald ein: der Pariser Gare de l'Est, als Endpunkt

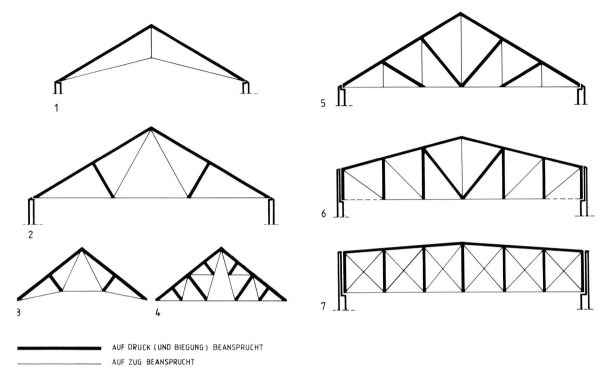

AUF DRUCK (UND BIEGUNG) BEANSPRUCHT
AUF ZUG BEANSPRUCHT

Einige Fachwerkbinder für Dachstühle und Hallen mit Baukonstruktionen in verschiedenen Baumaterialien, vornehmlich für Eisen- und Stahlbinder. 1 einfacher Dreieckbinder; 2 Polonceau-Binder (auch Polonceau-Wiegmann-Binder genannt); 3–4 zusammengesetzte Polonceau-Binder; 5 Fachwerkbinder mit senkrechten Druckstäben; 6 gesenkter Fachwerkträger mit senkrechten Druckstäben; 7 Parallelgurt-Träger mit zugbeanspruchten Ausstrebungen.

der Bahn nach Straßburg 1847 bis 1852 erbaut, war einer der ersten. Sein Architekt war Duquesnoy, der Ingenieur, der die Halle schuf, hieß Baron Pierre Cabanal de Sermet (1801–1875). Er bediente sich bei der Tragkonstruktion der Halle eines dem Polonceau-Binder ähnlichen Systems, wobei er aber anstelle der Obergurte sich in zweigurtige Bogensegmente setzte und das Zugband verdoppelte. Die auf diese Weise stützenlose Halle hatte eine lichte Spannweite von ungefähr 30 Metern, mit ihrer Länge von 152 Metern ergab sie einen Hallenraum, der aufgrund der Abweichung von der bekannten Holzbauweise für seine Zeit beeindruckend

war. Der amerikanische Architekturhistoriker Carroll L. V. Meeks, dem das Verdienst zukommt, die englischen und amerikanischen Leser mit den Errungenschaften des europäischen kontinentalen Eisenbahn-Hochbaues vertraut gemacht zu haben, berichtet, daß der Bau als der schönste Bahnhof der Welt gepriesen wurde. Dies hauptsächlich wegen seiner Halle, sicher auch aufgrund der Harmonie, die diese mit den Anbauten verband. Meeks Aussage, ein Jahrhundert später gemacht, gibt keinen Anlaß, diese heute zu bezweifeln.

Der Eisenbau hatte nicht nur technische und künstlerische Aspekte, sondern auch wirt-

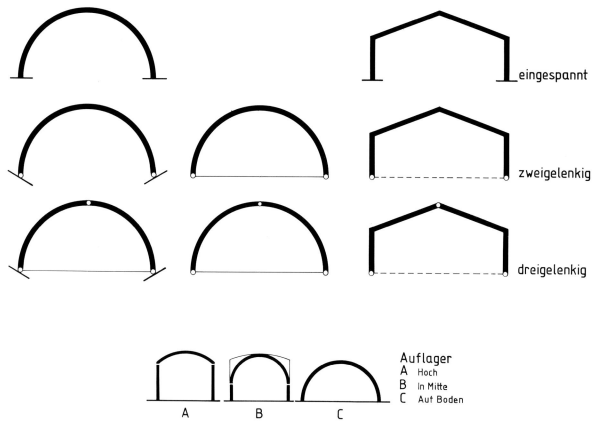

eingespannt

zweigelenkig

dreigelenkig

Auflager
A Hoch
B In Mitte
C Auf Boden

A   B   C

Hallendächer und Hallenrahmen-Konstruktionen. Grundsätzliche Anordnungen: Eingespannte-, Zweigelenk- und Dreigelenk-Binder für tonnenartige oder satteldachgedeckte Hallenschiffe. Es gibt natürlich vielerlei Kombinationen im Kräftespiel und in der Gebäudeform, die Beispiele zeugen davon.

schaftliche. Diese sind im Hinblick auf das Maß der Spannweite und den Aufwand an Material im direkten Vergleich zu untersuchen. Dabei muß zuerst bemerkt werden, daß sich die lichte Weite eines überdachten Raumes bei den Kuppeln und bei den gespannten Tragwerken in den letzten Jahrhunderten ungefähr und fast identisch bis zu 40 Metern

erstreckte. Weiter ging es technisch und wirtschaftlich nicht. Das Pantheon in Rom (um 120 n.Chr.) mit seiner bronzebelegten, halbkugelförmigen Steinkuppel (die Bronzebeläge wurden später für den Guß von Kanonen entfernt) überspannte 43,4 Meter, die Moskauer Reithalle aus der Zeit nach dem Krieg gegen Napoleon (1817) weist, wie vermerkt, aus Holz 45,7 Meter auf, sie war damit seinerzeit eine hervorragende Leistung. Die von Ludwig Förster und Karl von Etzel in den Jahren 1841–1843 erbaute Winterhalle des Diana-Bades in Wien, dessen Dach von 16 halbkreisförmigen, gußeisernen Bögen getragen wurde und das als Spitzenleistung besonders in künstlerischer Hinsicht galt, überspannte das 12,5 Meter breite Badebassin mit etwa 16 Metern, die Eisenkonstruk-

tion des ersten Wiener Westbahnhofes (1857) wies 27,5 Meter Spannweite auf. Vielerorts blieb man auch in der Folgezeit bei Ausmaßen dieser Größenordnung. Andererseits aber nutzte man die technischen Möglichkeiten und ging mit einschiffigen Hallen auf höhere Spannweiten über. Im Jahre 1854 stand in Birmingham im Bahnhof New Street eine Halle aus Schweißeisen mit 64,6 Metern, 1868 im Bahnhof St. Pancras zu London eine mit 73,2 Metern Spannweite. Anläßlich der Pariser Weltausstellung 1889 erreichte man bei der Halle für den Maschinenbau die Spannweite von 110,6 Metern, sie wurde in Amerika vier Jahre später noch um zwei Meter übertroffen, offensichtlich aus Gründen des Rekordes. Bei Kuppeln erreichte man die 100-Meter-Durchmessermarke schon früher, bei der Wiener Ausstellungsrotunde überschritt man sie 1873 und baute ein Dach mit 104,6 Metern Durchmesser. Obwohl die erwähnten Bahnhöfe in London und Birmingham mit ihren Hallendächern bis zum heutigen Tag dem Verkehr dienen, ging man in Europa mit den Spannweiten aus wirtschaftlichen Überlegungen nicht weiter. Der Materialaufwand lohnte nicht die ansonsten unnütze teure Konstruktion, da sich die mehrschiffigen Hallen mit dem mehrfachen Maß von etwa 40 Metern bestens bewährten. Die zuletzt erbaute und 1915 beendete große deutsche Bahnhofshalle im Leipziger Hauptbahnhof, zugleich jene, welche unter den europäischen Bahnhöfen die größte Fläche überspannt, setzt sich aus sechs Hallenschiffen von 45,0 und 42,5 Meter Spannweite zusammen.

Zur weiteren Senkung des Kohlenstoffgehaltes des Roheisens entwickelte inzwischen Sir Henry Bessemer (1813–1898) das nach ihm benannte Verfahren, es wurde von Sidney G. Thomas 1879 durch das Verfahren zur Phosphoreliminierung des Roheisens vervollkommnet. Damit begann die Stahlerzeugung.

Die technische Entwicklung war jetzt nicht

zuletzt an ihrer Wirtschaftlichkeit abzulesen. Wieviel Stahl man zum Ende des vergangenen Jahrhunderts, die Mitarbeit eines qualifizierten Bauingenieurs vorausgesetzt, für eine Halle benötigte, deuten folgende Angaben an: bei der Spannweite von 63,9 Metern und der Verwendung von Schweißeisen erforderte der Bau des Kölner Hauptbahnhofes im Jahre 1890 145 kg Stahl/ m^2, fast gleichzeitig genügten 111 kg/ m^2 bei Spannweiten von 56 Metern in Frankfurt am Main. Es ist für das besondere Können des französischen Konstrukteurs Alexandre Gustave Eiffel bezeichnend, daß er für den Hallenbau des Budapester Westbahnhofes bereits 1877 bei einer lichten Spannweite von 42 Meter lediglich 50 kg/ m^2(!) Eisen verwendete. Zwar entsprach die Konstruktion den heutigen Vorschriften nicht mehr und mußte in den Jahren 1977 bis 1980 verstärkt werden, aber immerhin überlebte sie ein Jahrhundert anstandslos.

Diese ökonomischen Betrachtungen verdeutlichen die Realitäten der technischen Neuerungen, man muß daher auch ihre Gründe erörtern. Beruhte der Fortschritt früher allgemein auf empirischer Basis, so bezog er sich zunehmend auf wissenschaftliche Methoden. Im Jahre 1832 ließ der Darmstädter Architekt Georg Moller seine »Beiträge zur Lehre von den Constructionen« erscheinen. Er sah in seinem Netz- und Knotensystem, das bereits eine Abwendung vom Denken in der traditionellen Holzbau-Konstruktionsweise vertritt, die Möglichkeit, »Werke auszuführen, welche in Hinsicht auf die Verbindung von Leichtigkeit mit Festigkeit alles bisher in der Art bekannte übertreffen«. Es ist schließlich das als Wissenschaft zu bezeichnende neue Konstruktionsdenken, das bereits zu Beginn des 19. Jahrhunderts zu jenen Fachwerkbinder-Konstruktionen führte, die in der zweiten Hälfte des vergangenen Jahrhunderts in den voll ausnutzbaren Fachwerk-Spannwerk-Binderbau mündeten, in ein Konstruktionssystem, das dem

neuen Baumaterial Eisen gerecht wurde, und – so Christian Schädlich – »ein Stabwerk neuer Qualität« war.

Es dürfte die vom Industriezeitalter verursachte, eingeleitete neue Denkweise gewesen sein, die für die Verkehrs- und Transport-Verbindungen der Grundstofflager mit den Industriezentren, von Städten und schließlich von Ländern miteinander sorgte und damit letzten Endes auch die Eisenbahn selbst entwickelte. Hiermit schließt sich für uns der Kreis: Das neue Verkehrsmittel und die für die verwendeten neuen Baukonstruktionen entstanden nicht nur aus denselben Wurzeln, sie wurden durch ein ähnlich fortschrittliches Denken vorangetrieben.

Es soll abschließend noch bemerkt werden, daß die Entwicklung vom Gußeisen über das Schweißeisen zum Flußeisen den Eisen- und Stahlbau des 19. Jahrhunderts kennzeichnet. Das 20. Jahrhundert tat das seine mit der Schaffung des sogenannten hochwertigen Baustahls hinzu. Schon vor dem Ersten Weltkrieg benutzte man beim Brückenbau in Deutschland vereinzelt Chromnickelstahl; weil er aber zu teuer war, ging man um das Jahr 1920 auf den sogenannten hochgekohlten Flußstahl über. Dann folgte der Stahl mit Siliziumzusatz (1927), dessen Verbesserung später mit Zusatz von Kupfer, Chrom, Mangan oder Molybdän erfolgte.

Der Fortschritt der Zwischenkriegszeit bestand auch in der Einführung des Schweißens, das nach dem Zweiten Weltkrieg das früher zur Bildung von Knotenpunkten der Stahlelemente allgemein verwendete Nieten verdrängte. Mit dem Schweißverfahren traten die Blech-Vollwandträger an die Stelle der früheren Fachwerkträger. Dies wiederum führte zu einem Umbruch in der Konstruktionsdenkart des Ingenierbaus. Er ging nun schon über ein Jahrhundert bei den Stahlkonstruktionen Hand in Hand mit dem Stahlbrückenbau.

Es sei hier auch erwähnt, daß sich in der zweiten Hälfte des 19. Jahrhunderts auch die

Stahlbetonkonstruktionen entwickelten, die bei den Bahnhofshallen aber kaum zur Anwendung kamen. Beim Leipziger Hauptbahnhof wurde der Querbahnsteig aus Stahlbeton erbaut (1915), und bei mehreren Bahnhöfen gestattete diese neue Bauweise die Anordnung von großen Schalterhallen. Der Stahlbeton fand seine Bewährung bei den Bahnsteigdächern, deren Formgebung und Ausmaße, besonders ihre Stützweiten er deutlich beeinflussen konnte. Auch Hallen für Lokomotiven und Güter konnten aus Stahlbeton in bedeutenderem Ausmaß errichtet werden.

Berühmte Bahnhofshallen

Die alten Berliner Bahnhofshallen

In den ersten zehn Jahren der Berliner Eisenbahnen baute man bereits fünf Bahnhöfe. Zeitlich an erster Stelle stand der Potsdamer (1838), es folgten der Anhalter (1841), der Stettiner (1842), der Schlesische (1842) und der Hamburger Bahnhof (1846). In den nächsten dreißig Jahren wächst die Zahl der Eisenbahnlinien, in Berlin enden zwölf (die Ring- und die Stadtbahn sind nicht mitgerechnet). Bereits 1851 erkannte das Militär die Wichtigkeit einer Verbindung zwischen den weitverstreuten Berliner Bahnhöfen, es kommt zum Bau des ersten Abschnittes einer Verbindungsstrecke, sie bildet die Grundlage der späteren Ringbahn. Entscheidend für die weitere Entwicklung war auch der Abriß der alten Berliner Stadtmauern im Jahre 1867. Dies bot die Möglichkeit zu großzügigen städtebaulichen Anlagen, zu neuen Straßen, Wohngebäuden und Kommunalbauten. Jetzt begann man auch mit der Neugestaltung der Bahnhöfe, es entstand die »zweite Bahnhofsgeneration«. Zu ihr gehören ihr gebührende Bahnsteighallen in Eisen- oder Stahlkonstruktion.

Die Ostbahn, die ein Jahrzehnt lang den alten Schlesischen Bahnhof mitbenützt hat, eröff-

nete am 1. Oktober 1867 ihren eigenen **Ostbahnhof** (er wurde aber bereits 1882 stillgelegt und verpachtet). Als Architekt zeichnete Hofbaurat Adolf Lohse verantwortlich. Die Anlage war französischen und englischen Mustern nachgebildet, indem die beachtliche Halle einerseits von den Bauten für die Abreisenden, andererseits von jenen der Ankommenden gesäumt wurde und an der Stirnseite des Kopfbahnhofes ein dreigeschossiger Repräsentations- und Verwaltungsbau stand. Die Halle war 37,7 Meter breit, 188 Meter lang, sie wurde von Fachwerk-Bogenbindern, Gitter-Bogenträgern, die sich in etwa sieben Meter Höhe auf in die Seitenwände versetzte und verankerte Eisenkonsolen stützten, getragen. Kein Geringerer als Johann Wilhelm Schwedler (1823–1894), dem außer namhaften Brückenbauten auch noch etliche Bahnhofshallen zugeschrieben werden, war ihr entwerfender und berechnender Konstrukteur. Er hatte großen Anteil daran, daß bei Eisen-Hallenbauten in Deutschland der Dreigelenkbogen

zu einer weitverbreiteten Konstruktion reifte, hier am Berliner Ostbahnhof dürfte er ihn zum ersten Mal angewandt haben. Die Binder sind in sich verstrebte, kastenförmige Doppelkonstruktionen. Um das im Raum störende Zugband zu vermeiden, werden die Bogenaufleger durch das ihr überlagerte Mauerwerk abgelastet, der seitliche Schub bzw. seine schräge Resultierende wird dementsprechend, ähnlich wie im Mittelalter bei den gewölbten Kathedralen, in die Tragpfeiler geleitet. Die Binder sind im Abstand von 7,5 Metern angebracht, dieses Maß gibt auch für die Innenarchitektur der Halle den Grundton an. Es münden fünf Gleise in die Halle. Einen Querbahnsteig gab es vor ihnen auch, aber noch keine Zungenbahnsteige zwischen den Gleisen. Bemerkenswert ist, daß die Halle auch vom Kopfbau aus zugänglich war, auch wenn dieser Haupteingang nicht für das Publikum, sondern »ausschließlich« dem Herrscher vorbehalten war. Bemerkenswert auch, daß der Vorbau hallenseitig eine von der Straßenfassade, die sich im Stil

der ausklingenden Romantik zeigte, abweichende künstlerische Ausbildung erhielt. Sie entsprach zwar nicht dem Charakter eines Abschlusses für ein Halleninneres, sondern glich eher einer nach innen gekehrten Straßenfassade und bestand, der Gliederung des Vorbaues entsprechend, aus einen Mittelrisalit mit fünf Fenster- und Torachsen sowie dem anschließenden Seitenflügel, deren je zwei Fensterachsen ebenfalls noch innerhalb der Halle standen. Daß hier ein Kompromiß zwischen Ingenieurwissenschaft und Architektur geschlossen wurde, kann dadurch festgestellt werden, daß zwar das Hauptgesims von der Kontur der Fachwerkbinder abgeschnitten wird, die auf das Gesims gesetzte Uhr jedoch für den Reisenden noch gut sichtbar war.

Die Halle des Ostbahnhofes muß einen repräsentativen Eindruck gemacht haben. Dessen Notwendigkeit wird verständlich, wenn man bedenkt, daß sie die wichtigste Verbindung Mitteleuropas nach Rußland darstellte. Von hier aus reiste man über Königsberg und Eyddtkuhnen nach St. Petersburg. Immerhin wurde oft bemängelt, daß sie ohne eine seitliche Beleuchtung zu dunkel und düster wirkt. Möglicherweise war sie dem Mystizismus des Ostens angepaßt.

Der **Görlitzer Bahnhof** wurde 1866 bis 1868 nach Entwürfen des Architekten August Orth erbaut, der auf die schöne innere Ausbildung der Bahnhofshalle besonders Wert legte, was nicht zuletzt die mit zwei Halbbögen verzierte innere Stirnwand belegt: vielleicht wurde er von seinem großzügigen Bauherrn, dem »Eisenbahnkönig« genannten, berühmten und berüchtigten Henry

Strousberg dazu angespornt. Die Halle folgte nicht diesen Bögen, sie lag als Bogensegment über den ursprünglich fünf Gleisen (später entfernte man eines von ihnen, um einen mittleren Zungenbahnsteig anlegen zu können). Die Halle endete ganz sonderbar in einem »Innenhof«, in dem sich die Drehscheiben befanden. Auf diese Weise gelangte der Stand der Lokomotiven nicht unter das Dach. Vor diesen Innenhof stand der stadt- und standesgemäß gestaltete Vorbau der Bahnverwaltung. Nur die südliche Seite der Halle war von einem Empfangsgebäudeteil gesäumt, die andere Hälfte für eine Gleis- und Hallenverbreiterung, zu der es nie kam, freigehalten. Die Bahnsteighalle selbst war 37 Meter breit und 148 Meter lang, im Abstand von 3,44 Meter saßen schmiedeeiserne Fachwerkbinder auf den Mauerpfeilern, mit je einem festen und einen verschiebbaren Lager, ihre Scheitelhöhe betrug 17 Meter. Außer den verglasten Dachstreifen und Oberlichtern konnte sie über die Bogenöffnungen der unbebauten Seite gut beleuchtet werden. Das Niveau des Gleiskörpers und der Bahnsteige, und damit auch die Halle, war, mit dem Straßenniveau verglichen, angehoben, was seitwärts von der Auffahrt zum Vestibül her gut ausgeglichen werden konnte. Der frontale Zutritt, hier ebenfalls repräsentativen Zwecken vorbehalten, wurde über einen Treppenaufgang geleitet. Daß er in den erwähnten Innenhof mündete und von hier aus in die eigentliche Halle führte, wird dadurch klar, daß man das Zweibogen-Stirnwandmotiv auch von der Innenhofseite aus als repräsentativen Abschluß der Bahnsteighalle betrachten konnte.

Der **Schlesische Bahnhof** war schon in seiner ersten Fassung – noch als Frankfurter Bahnhof bekannt – mit dem schönen klassizistischen Vorbau und dem dahinter stehenden, auf gewölbten Mauerbögen ruhenden Dach sehr ansprechend. Dem Zeitgeist entsprechend wurde der zweite, 1869 eröffnete und dem angewachsenen Verkehr angeglichene neue Schlesische Bahnhof in der Zeit des Umbruchs der baukünstlerischen Auffassung zwischen Romantik und Neurenaissance entwickelt: die Gesamtwirkung wurzelt noch im Banne des Mittelalters, auch einige Details – so die Bogenreihe der Gesimse – deuten noch auf diese hin, die Bogenfenster jedoch, die breiten Türme, die Akroterien, und wieder andere Motive haben schon den entscheidenden Schritt zur Weiterentwicklung des Historismus getan. Das mit Rohziegeln verblendete Gebäude spiegelt seine Halle nur teilweise vor, man würde nach der Giebelwand nicht auf die Sichelträger schließen. Als Architekt wurde Baurat

Berlin, Schlesischer Bahnhof, 1867–1869 (erste Halle).

Römer engagiert, als Ingenieur Oberbaurat Grüttefien. Die Bahnsteighalle ist 37,7 Meter breit, 208 Meter lang, und hat eine Scheitelhöhe von 19 Metern. Der sichelförmige Fachwerkträger, dessen unterer Gurt als Zugband betrachtet werden kann, und dessen Obergurt einen Segmentbogen ergibt, stützt sich auf beiden Seiten auf die Mauerkrone, einerseits starr, andererseits seitenverschiebbar. Die Halle hatte gleisfeldseitig keine Glasschürze, damit gehörte sie jenem Hallentyp an, der hauptsächlich im Süden – Turin, Mailand – vorkommt. Die Halle dieses Bahnhofes der Niederschlesisch-Märkischen Eisenbahn, wie sie sich damals nannte, beherbergte fünf Gleise, und war, ähnlich dem Vorhof des Görlitzer Bahnhofes, in dem es Drehscheiben gab, mit einer Schiebebühne zum Umstellen der Lokomotiven ausgerü-

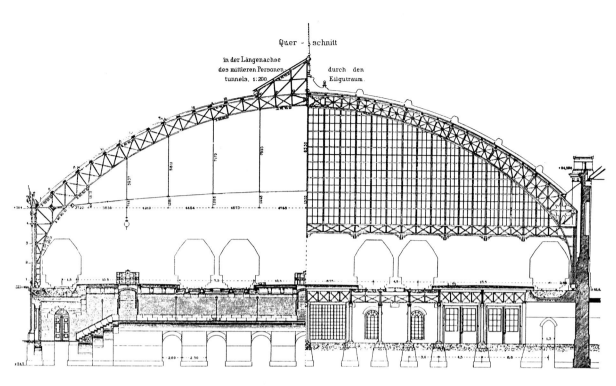

Quer - schnitt

in der Längenachse
des mittleren Personen
tunnels. 1:200

durch den
Eilgutraum.

Das zweite Hallenschiff des Schlesischen Bahnhofes in Berlin. 1878–1882, Querschnitt. Die Hallen wurden in der Zwischenkriegszeit durch eine neue Konstruktion ersetzt. An ihrer Stelle steht heute der Ostberliner Hauptbahnhof.

stet. Davor stand hier außer einer Umwallung noch der alte Bahnhof als Verwaltungsbau, er wich dem Erweiterungsbau von 1882. Die Halle, mit etwa 24 Metern Scheitelhöhe, hatte eine satteldachförmige Lüftungsraupe und breite, verglaste Oberlichtbänder in der Dachhaut, außerdem wurde die Halle noch von einer oberen Reihe kleiner Bogenfenster, die über den Seitenbauten angeordnet waren, einer Basilika ähnlich beleuchtet. Im Zuge des Stadtbahnbaues erhielt der Schlesische Bahnhof im Jahre 1882 eine zweite Halle. Zwar hatte sie die beachtliche Spannweite von 54,35 Meter, paßte sich aber hinsichtlich ihrer Länge und Höhe der bestehenden Halle an. Aus dem Kopfbahnhof

wurde nun ein Durchgangsbahnhof. Deshalb mußte die alte Halle nicht nur durch eine seitliche Öffnung zum neuen Hallenteil hin ihr altes Inneres verändern, sie verlor auch den Anschluß an den früheren Vorbau. Infolge des beträchtlichen Anhebens der Gleislage um etwa sechs Meter, wobei etwa ein Viertel der Raumhöhe verloren ging, veränderten sich auch die inneren Proportionen. Die Konstruktion der neuen Halle war eine spezielle, als »Viergelenkbogen« bezeichnete Tragkonstruktion mit einer Pendelstütze an der inneren und einer verankerten Stütze auf der äußeren Seite. Die neue Halle bildete zugleich den nordöstlichen, straßenseitigen Abschluß der gesamten Anlage. Hier fiel eine in Quadrate geteilte Glaswand zwischen den – vor den erwähnten Bogenbindern in Abständen von 9,5 Meter stehenden – Wandlisenen besonders ins Auge. Die Halle stand aufgrund der hohen Gleislage auf einem Sockel, in den Bogentore geschnitten und dessen Fläche mit Nuten geteilt war. Die Trag-

konstruktion der beiden Hallen wurde nebst Beibehaltung der Raummaße, nach dem Ersten Weltkrieg durch Vollwandträger ersetzt (1925–1928 bzw. 1934–1937). In diesem Zustand überlebte sie auch den Zweiten Weltkrieg und versah noch fast ein halbes Jahrhundert lang ihren Dienst. Heute steht anstelle des alten Schlesischen Bahnhofes der neue Ostberliner Hauptbahnhof vor seiner Vollendung.

Der **Potsdamer Bahnhof** in Berlin – aus der »zweiten Generation« – wurde 1868–1872 von den Architekten Weise, Doebner und Sillich erbaut. Seine straßenseitige Fassade hatte eher das Aussehen einer Kunstakademie als das eines Bahnhofes, aber es entsprach dem damaligen Zeitgeist, eine Bahnhofshalle mit einem historisierenden Vorbau zu verkleiden. Die Halle, die an der Stirnseite und an der westlichen Langseite durch das Empfangsgebäude in L-Form flankiert wurde, war 35,6 Meter breit und 172 Meter lang, mit einer Scheitelhöhe von 23,5 Metern. Sie stand, mit dem Straßenniveau verglichen, im ersten Stock. Ihre Konstruktion bestand aus Dreigelenk-Bogenbindern aus segmentförmigen Blechwandträgern, die von neun dünnen Zugbandstäben im Gleichgewicht gehalten wurden. Die feingliedrig gerasterte Dachfläche, so schreibt Krings, war vollständig verglast. Damit war diese Halle besser beleuchtet als alle übrigen Berliner Bahnsteighallen. Im Hallenscheitel verlief eine durchgehende Lüftungslaterne. Gleisfeldseitig hatte die Halle eine bis zur Höhe der Kämpfer herabgezogene, verglaste Stirnwand. Besonders hervorzuheben ist die künstlerische Ausbildung der vorbauseitigen Hallen-Stirnwand, die sich vollkommen der Kontur der Halle anpaßte und in der Höhe der Dachbinderlagerung ein Hauptgesims, darunter ein Mittelgesims vorwies. Zwischen diesen beiden war eine Bogenfensterreihe eingefügt. Die üblichen fünf Gleise in der Halle waren durch einen Zungenbahnsteig in zwei- bzw. dreigleisige Bündel geteilt.

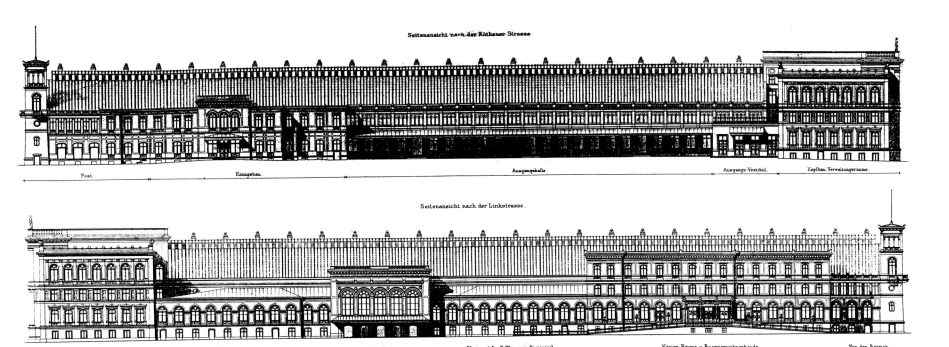

Seitenansicht nach der Köthener Strasse

Post. | Königsbau. | Ausgangshalle. | Ausgangs-Vestibül. | Kopfbau Verwaltungsräume.

Seitenansicht nach der Linkstrasse.

Kopfbau Verwaltungsräume. | Wartesaal III. u. IV. Klasse. | Eingangs-Vestibül. | Wartesaal I. u. II. Klasse u. Speisesaal. | Königs-Räume u. Beamtenwohngebäude. | Für den Betrieb.

Berlin, Potsdamer Bahnhof, 1868–1872. Architekten Weise, Doebner und Sillich. Seitenansichten der zwischen der Eisen-Tragkonstruktion vollkommen verglasten Bahnsteighalle. Hier steht die Neurenaissance-Architektur mit der mächtigen Bahnhofshalle in Einklang. Man beachte das vollkommen verglaste Tonnendach (siehe auch Abb. 1).

Obwohl sie Anschluß auch zum Kopfbahnsteig hatten, diente auch hier dieser hauptsächlich dem Repräsentationsverkehr, die Reisenden benutzten zumeist den Seitenbau.

In der königlichen Bewilligungsurkunde für den **Lehrter Bahnhof** wurde der Wunsch geäußert, die Anlage parallel zum Ufer des Humboldt-Hafens anzulegen. Nach Entwürfen des Architekten R. Lapierre, unter Mitwirkung der Ingenieure A. Lent und Scholz sowie von Johann Wilhelm Schwedler wurde in den Jahren 1869 bis 1871 einer der elegantesten Berliner Bahnhofsbauten mit einer

die Architektur bestens ergänzenden Halle errichtet. An der Hauptfassade wurde sie beiderseitig von etwa gleich großen, wohlproportionierten Seitenbauten flankiert, vor ihren Gleisenden jedoch stand keinerlei Vorbau. Halle und Seitenbauten verschmolzen hier zu einem mächtigen Torbogen, der, architektonisch schön aufgebaut und gegliedert, einen monumentartigen städtebaulichen Akzent setzte. Den mit einem Querbahnsteig versehenen Kopfbahnhof kann man auf die französischen Vorbilder zurückführen, der Aufbau betritt jedoch eigenständige Wege.

Im Berliner Lehrter Bahnhof stand also die Halle von 38,3 Meter Breite, 188 Meter Länge und 27 Meter Höhe im Mittelpunkt. Sie wies, den damaligen Gewohnheiten entsprechend, drei und zwei Gleise mit einem nur schmalen, dazwischen liegenden Zungenbahnsteig auf. Die Konstruktion ist jener des Berliner Ostbahnhofes ähnlich, auf jeden zweiten Pfeiler der aus einer Renaissance-Bogenreihe geformten Innenwand stützten sich in

der Höhe der Bogenschultern die kastenförmigen Fachwerk-Bogenbinder auf. Es handelt sich hier um eine Dreigelenkkonstruktion, wie sie uns bereits bekannt ist. In die Außenwand sind je Binderstellung große, halbkreisförmige Fenster eingesetzt, die – über je zwei unteren Toren stehend – die Innenarchitektur bestimmen und ausreichend Licht in die Halle fallen lassen. Außergewöhnlich ist, daß die Halle an beiden Stirnwänden durchleuchtet ist, straßen- und spreeseitig durch den erwähnten verglasten »Triumphbogen«, der sich aber mit dem Hallenbogen keineswegs deckt, ja nicht einmal parallel zu ihm verläuft, was die Innenansicht beeinträchtigt. Hingegen ist der gleisfeldseitige Bogen der Stirnwand, mit seiner tief heruntergezogenen, verglasten Schürze, vollkommen im Einklang mit der Hallenkonstruktion. Dies hat zur Folge, daß die Abreisenden ein größeres Architekturerlebnis haben als die Ankommenden. Ob ein der Halle vorgesetztes Architekturmotiv wie der »Lehrter Triumphbogen« eine fortschrittliche

Erscheinung sei, darüber wurde viel gestritten. Einige Kritiker meinten, die Halle sei verborgen worden. Aus heutiger Sicht scheint es gerechtfertigt, die Ansicht zu vertreten, daß im Gegenteil die Halle akzentuiert wurde. In einem Jahrhundert, in dem soviel Mißverständnis den Einklang von Ingenieursbaukunst und Architektur verhinderte, ist jeder Versuch zur Herstellung der Harmonie, auch wenn er nicht vollkommen geglückt ist, zu schätzen. Es sei hier noch darauf hingewiesen, daß zum Baubeginn des Lehrter Bahnhofes die Fassade des Turiner Bahnhofes Porta Nuova den Architekten bekannt gewesen sein könnte. Dort wurde im Jahre 1868 – zwar auf eine ganz andere Art – der Hallenbogen ebenfalls für die Ansicht des Vorplatzes nach außen auf die Hauptfassade projiziert.

Am **Stettiner Bahnhof** wurde in den Jahren 1874 bis 1876 ein neues Bahnhofsgebäude mit einer beachtlichen Halle und einem stattlichen Vorbau errichtet. Die Halle war 37,7 Meter breit, 129 Meter lang und besaß eine Scheitelhöhe von 26,1 Meter. Die Konstruktion wird von Krings wie folgt beschrieben: »Auf den Wandvorlagen lagerten oberhalb eines nur geringfügig profilierten Gesimses die kastenförmigen, vollwandigen Binder aus Stahl.« Es handelte sich um Parabelbinder. Schon ganz im Zeichen der Moderne lagen lediglich vier Gleise und dazwischen ein breiter Zungenbahnsteig in der Halle. Ein recht geräumiger Querbahnsteig, davor eine Schalterhalle, bildeten den Bahnhofskopf. Die Halle lag beträchtlich höher als der Vorplatz. Von der Straße aus gelangten die Reisenden durch einen Treppenaufgang aus der Vorhalle zu den höher gelegenen Gleisen. Interessant, daß in der Halle unter dem Mittelbahnsteig ein Tunnel mit 2,25 Metern lichter Höhe für den Gepäckverkehr eingerichtet war. Da der zuständige Baudirektor Stein sich vergeblich bemühte, einen profilierten Architekten zur Durcharbeitung seiner Pläne zu finden, kamen seine noch nicht

Berlin, Lehrter Bahnhof, 1869–1871. Architekt R. Lapierre, Ingenieure: Lent, Scholz und Schwedler. Die Bahnhofshalle und die seitlichen Anbauten des Empfangsgebäudes stehen in gutem Einklang. Ein fast zum Siegesbogen hervorgerückter Torbogen gibt der Stirnfassade den Akzent. Der Architekt hielt sich an die seinerzeit in Berlin vorherrschende Neurenaissance-Architektur.

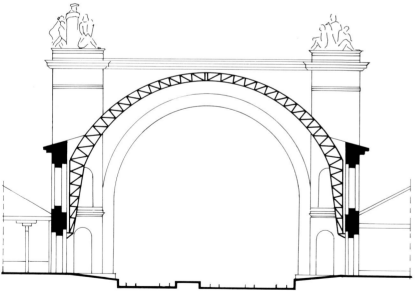

0   10 M

Berlin, Lehrter Bahnhof, Querschnitt.

Stettiner Bahnhof

Berlin, Stettiner Bahnhof, 1847–1876. Entwurf von Theodor Stein. Der die Hauptfassade abschließende Bogen deutet die Konturlinie der dahinterstehenden Bahnhofshalle an. Dennoch mutet der

Anblick etwas plump an, man vermißt die künstlerische Raffinesse. Die rechts sichtbaren kleineren Hallenbögen sind Teil der 1898 bis 1903 erfolgten Erweiterung.

Die weniger bekannte Seitenansicht des alten Stettiner Bahnhofes in Berlin läßt die Halle richtungweisend in Erscheinung treten. Das Bild dürfte aus den zwanziger Jahren stammen. (Slg. R. Preuß)

ganz baureifen Vorstellungen mit ihren ungewöhnlichen Proportionen zur Ausführung. Dies ist unter anderem an den beiden Hallen-Stirnwänden und der Außenarchitektur abzulesen: bot die gleisfeldseitig verglaste Stirnwand eine Durchfahrtshöhe von fast 15 Metern, so war der im verspäteten romantischen Stil dekorierte Fassadenbogen zwischen zwei Ecktürmen und über drei Torbögen eine künstlerisch kaum ausgewogene Komposition. So lag nicht nur der Querbahnsteig unter dem mächtigen Hallendach, sondern auch die Vorhalle, die fast die Hälfte der Hallenlänge beanspruchte. Aus heutiger Sicht war das äußerst unwirtschaftlich, zumal die Stettiner Bahndirektion ausge-

reifte Vorschläge von Architekten gerade wegen zu hoher Kosten nicht hat gelten lassen.

Unter den Berliner Bahnhöfen besaß der **Anhalter Bahnhof** nicht nur die größte Halle, er war überhaupt der Stolz der Berliner. Nachdem auch hier die stetig wachsenden Verkehrsaufgaben den alten Bahnhof überforderten, wurde der Architekt Franz Schwechten (1841–1924), kaum dreißigjährig, beauftragt, einen neuen zu entwerfen. Zwar konnte schon im Jahre 1872 mit den Bauarbeiten am Bahnhof begonnen werden, aber erst 1874 folgte das Bahnhofsgebäude selbst, 1878 wurde mit der Errichtung der Halle begonnen, und 1880 war das Werk be-

endet. Ihm waren dann lediglich 64 Jahre vergönnt.

Es war eine mächtige Halle, die hier zur Bewältigung des starken Eisenbahn-Verkehrs entstanden war: Sieben Kopfgleise führten in diese Halle (ein achtes vergabelte sich innerhalb der Halle und endete nicht selbständig). Mit 59,5 Meter Spannweite (60,7 Meter innere Hallenbreite), 168 Meter Länge, 34,25 Meter Höhe, war es ein ausgewogener Hallenkörper, der auch von außen fast selbständig zum Ausdruck kam. Das Wesentliche liegt in der ausgewogenen Gesamtkomposition, die aus jedem Blickwinkel betrachtet eine großartige Architektur verkündet. Dies wurde nicht zuletzt dadurch verwirklicht,

35

BERLIN
ANHALTER BHF
BAHNHOFSHALLE

Berlin, Anhalter Bahnhof, 1874–1880. Architekt Franz Schwechten. Grafische Eindrücke der Bahnhofshalle aus verschiedenen Blickwinkeln.

daß die Räumlichkeiten für die Reisenden zu einem Großteil vor die Halle verlagert und zusammengefaßt wurden und sich nur teilweise auf die beiden Seiten erstreckten. Der dreieckartige Bahnhofsvorplatz gestattete außerdem eine gefällig abgestufte Gliederung vor der Haupt-Stirnfassade. Architektonisch noch ansprechender wirkte die gleisseitige Ansicht mit drei mächtigen Torbögen und einer gemauerten Stirnwand mit Bogenfenstern. Es dürfte eine der ansprechendsten

Lösungen der gesamten Eisenbahnhallen-Geschichte gewesen sein.

Die Hallenkonstruktion ist ein doppelgurtiger Dreigelenk-Fachwerkbogenbinder mit je einem Auflager auf den Seitenwänden und einem Scheitelgelenk. Das Zugband wird von 19 Stäben in der Horizontalen gehalten, sie beeinträchtigen den Überblick über die Halle. Ansonsten ist auf die Gesamtwirkung der Hallenkonstruktion mit der Architektur erfolgreich wert gelegt worden. Dies ist besonders bei der Ausbildung der Binder-Auflager zu sehen: mit einer außen höheren Gesimslage konnte dazu der notwendige, ausgleichende Raum geschaffen werden. Die Dachtonne konnte mit den inneren Stirnwandausbildungen in Einklang gebracht

werden, dies ist besonders gleisfeldseitig mit Hilfe der abgestuften Bogenfenster gut gelungen. Am anderen Hallenende konnten die Bögen der Trennwand und der Fassade nicht auf derselben Höhe gehalten werden, was von den Zeitgenossen beanstandet wurde. Dieser Kritik entgeht aber das Wesentliche: die vornehme Eleganz, die den ganzen Hallenbau durchzog. Es ist bedauerlich, daß dieser Bau im Zweiten Weltkrieg unterging, die Nachwelt wurde dadurch eines bedeutenden Kulturdenkmales beraubt.

Unter den schönen Hallen, die die Berliner Stadtbahn und die Ringbahn hervorbrachten, gibt es zwei, die besondere Beachtung verdienen. Es sind jene, die an der 1882 eröffneten die Stadt in Ost-West-Richtung erschließenden Hauptstrecke dem Fernverkehr als Haltepunkte dienten.

Auf einem Sockel, welcher der Gleishöhe der die Straßen überquerenden Bahnanlage entsprach, steht der **Bahnhof Friedrichstraße**, ein Werk des Architekten Johannes Vollmer. Er ist in seiner Gesamtkomposition eine Halle mit stählernem Aufbau, der mit den Seitenwänden eine historisierende Architektur vorgeblendet wurde. Auch in seinen Ausmaßen entspricht der Bahnhof Friedrichstraße den übrigen Fernbahnhöfen, denn seine Halle hat eine Spannweite von 34 bis 37 Meter, ist 145 Meter lang und hat eine innere Höhe von 19,5 Metern. Die verstrebten Fachwerk-Bogenbinder bilden eine Dreigelenkkonstruktion, sie ruhen auf dem Sockel in Gleishöhe. Die besondere Raumwirkung, die weit erheblicher ist als die äußere Stadtansicht, ergibt sich aus der Tatsache, daß die Halle in einer Gleiskrümmung liegt und sich wie ein mächtiger Halb-Torus entfaltet. Der Abstand der Bogenbinder beträgt an der Außenwand jeweils 10 Meter, an der Innenwand 8,98 Meter. Auch die Breite der kastenförmigen Binder ist der Krümmung wegen neben der Innen- bzw. der Außenwand unterschiedlich. Ein verglaster Obergurt und die beiderseits tief herunterhängenden, ver-

Berlin, Friedrichstraße, 1882. Architekt Vollmer. Er war der markanteste Bahnhof der Berliner Stadtbahn und verkörperte das Bahnhofsbauprinzip: »the shed is the station«, womit die Bahnhofshalle zum Baukörper des Bahnhofsbaues wird. Die historisierende Architektur der Außenwände tritt in ihrer Bedeutsamkeit zurück. Ansicht aus der Zeit der Jahrhundertwende.

Innenansicht der Halle im ursprünglichen Zustand. (Sammlung Reiner Preuß)

glasten Stirnwände erhöhten mit dem durch sie einflutenden Licht noch die Raumwirkung. Hallen in gekrümmter Gleislage mit ihrer hervorragenden Raumwirkung sind auf dem europäischen Kontinent sehr selten. Offenbar in erster Linie durch konstruktive Schwierigkeiten bedingt, trachtete man danach, solche zu vermeiden. In England hingegen gibt es mehrere solcher Hallen, die sich seit mehr als einem Jahrhundert gut hal-

Berlin, Friedrichstraße. Ansicht der Doppelhalle nach dem in den zwanziger Jahren erfolgten Umbau; Foto von 1950

37

Berlin, Bahnhof Zoo, 1941. Hallenansicht.

ten: hier sei nur an York und Newcastle, vielleicht die bedeutendsten, erinnert. Beide haben ebenfalls eine hervorragende Raumwirkung.

Der **Stadtbahnhof Alexanderplatz** war dagegen geradlinig angelegt, bot somit eine im Vergleich zum Bahnhof Friedrichstraße recht unterschiedliche, jedoch ebenfalls anspruchsvolle Wirkung. Der Architekt dieser Halle war Johann Eduard Jacobsthal (1839–1902), dem es gelungen ist, die äußere Ansicht der tonnenartigen Baugestalt mit gewandter Ornamentik etwas zu beleben. Es ist noch zu erwähnen, daß bei beiden Bahnhöfen außer den annähernd gleichen Maßen und der ähnlichen Konstruktion auch die bahntechnische Anordnung ähnlich war: die Reisenden gelangten durch Treppenaufgänge zu den beiden Inselbahnsteigen, die je zwei Gleise bedienten. Demzufolge lagen

Berlin, Hochbahn. An den über dem Straßenniveau gelegenen Bahnkörper lehnten sich in verschiedenster Komposition – und auch mit verschiedensten Stilelementen dekoriert – Bahnsteighallen an. Eine der markantesten dürfte die Station Bülowstraße gewesen sein; erbaut etwa 1900. Die beiden Ansichten zeigen, wie sich die Halle der Bahntrasse konstruktiv und hinsichtlich der Funktion gut anpaßt. Sie ist mit hellenistischen Akroterien aus Stahl verziert. Die Zugangsseite wird mit einem erhöhten Bauteil betont.

Auch der Berliner Hochbahnbahnhof Nollendorf-Platz hat eine der Bülowstraße ähnliche Gliederung, jedoch wird der Eingang mit einer Kuppel akzentuiert, und ein Tonnendach deckt die Bahnsteige.

zwei Gleise ganz außen an der Hallenwand. Zwei dieser Gleise dienten dem Stadtverkehr, zwei dem Fernverkehr. Beachtlich ist die nach dem Ersten Weltkrieg vollzogene Umgestaltung dieser Bauten, im Falle des Bahnhofes Friedrichstraße auch die schon 1913 eingeleitete Erweiterung. Der Grund hierfür war hauptsächlich die durch Rauchgas verursachte Korrosion, durch die beide Hallen stark angegriffen waren. Dabei mag eine mit den übrigen Fernbahnhöfen verglichene schlechtere Entlüftung, auch das relativ kleine Raumvolumen schadenfördernd gewirkt haben. Als man im Jahre 1932 den neuen Bahnhof eröffnete, stand tatsächlich ein auch im Aussehen modernisierter Bahnhof im Stadtbild von Berlin, das gleiche war schon 1925 beim Bahnhof Friedrichstraße der Fall. Die Ersetzung der alten verstrebten Fachwerk-Bogenbinder durch die neuartigeren, vollwandigen Kastenträger, obwohl noch im Nietverfahren zusammengebaut, da sich die Schweißtechnik erst ein Jahrzehnt später verbreitete, hatte Konsequenzen für die gesamte Innen- und Außenwirkung.
Nicht vergessen werden darf, daß auch die anderen Hallen der Berliner Stadtbahn ein Kapitel Geschichte des Zweckbaues darstellen. Einige von ihnen sollen wenigstens in Skizzen und Fotos vorgeführt werden. Unter

Der Berliner Hochbahnbahnhof Möckernbrücke hat eine aus Tonnendach gebildete Halle, welche wegen der unmittelbaren Nähe des Landwehrkanals mit ihren Bahnsteigen vom Traggerüst der Gleise auskragend angebracht ist und damit wieder eine seltsame Baukomposition bildet.

ihnen ist der Bahnhof Zoo, der heutzutage an Bedeutung zugenommen hat, von besonderem Interesse. Er wurde ursprünglich mit einer Doppelhalle von Polonceau-Bindern erbaut, sodann in dieser Form mit Bahnsteigdächern erweitert. 1936 bekam er eine neue Stadtbahnhalle, die einen Nebenbau der modernsten Berliner Bahnhofshalle mit 34,7 Meter Breite und 14 Metern Höhe sein sollte. Mit ihrem Bau wurde 1937 begonnen, die Arbeiten jedoch 1941 eingestellt. Erst nach dem Zweiten Weltkrieg sollte sie eröffnet werden. Abweichend von den sonstigen Vorkriegsbauten steht sie als kantige Rahmenkonstruktion. Bereits vor ihrem Bau wurde die luftige, lichte Halle gepriesen, ein Ergebnis der Entwicklung von schlanken Stabprofilen aus hochwertigerem Stahl. Mit der Beschreibung dieser Halle kommen wir auch zum Abschluß unserer Betrachtungen über die alten Berliner Hallen. Sie ist eine verschweißte Konstruktion und leitet damit zur zeitgenössischen Bautechnik über.

Dem Baukörper der Berliner Hochbahn waren die ebenfalls recht ansprechenden Bahnsteighallen angepaßt. Sie galten zu ihrer Zeit hinsichtlich ihrer Konstruktion und Bauform als recht modern. Besonders fortschrittlich aber war ihre Einfügung in das Stadtbild mit gut gelösten Zugängen. Heutzutage würden sich Umweltschützer gegen ihren Lärm und die Stadtverschönerer gegen ihren Gleiskörper sicherlich wehren.

Die Halle des Bremer Hauptbahnhofes

Der alte Hannoversche Bahnhof in **Bremen** hatte eine aus Holz gezimmerte Halle. Er war 1847 angelegt worden und erfuhr im Laufe des vergangenen Jahrhunderts mehrfach Erweiterungen. Unweit vom Hauptbahnhof stand der stattliche Bahnhof der Venlo-Hamburger Eisenbahn. Bereits seit dessen Errichtung im Jahre 1872 war man bestrebt, die Bahnhöfe zusammenzulegen, nach der Verstaatlichung aller in Bremen zusammen-

Bremen Hauptbahnhof, 1886–1891. Architekt Hubert Stier. In der stadtseitigen Ansicht des Bahnhofgebäudes dominiert das große Hallendach. Da es sich um einen Durchgangsbahnhof handelt, steht die Halle senkrecht zum Eingang, weshalb dieser wenigstens symbolisch einen Bogenabschluß – der auf die Halle deuten soll – erhielt.

Schnitt durch die Halle des Bremer Hauptbahnhofes.

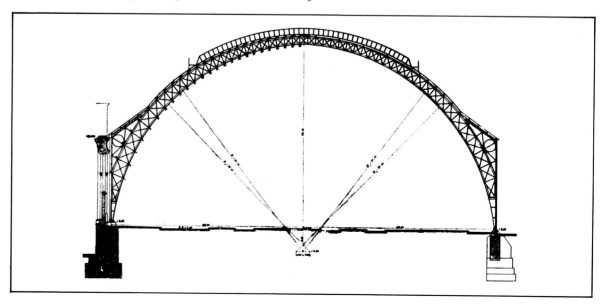

gefaßten Eisenbahnen kam es dann auch dazu. Die Bauarbeiten für die Umgestaltung der Bahnanlagen und damit das Anheben des Bahnkörpers begannen bereits 1884, das neue Empfangsgebäude mit seiner Halle wurde in den Jahren 1886 bis 1891 errichtet. Als Architekt zeichnete – nachdem Heinrich Müller die Vorarbeiten geleistet, sich aber zurückgezogen hatte – der Hannoveraner Professor Hubert Stier.

Der Architekt und die ungenannt gebliebenen Konstrukteure der Bremer Bahnhofshalle konnten auf gelungene neue deutsche Bahnhofshallen als Vorbilder zurückgreifen: Das Grundrißschema des Bahnhofes folgte jenem von Hannover, die Gestaltung der einschiffigen Halle mit Bogenbindern erinnerte an die neuen Berliner S-Bahnhöfe Friedrichstraße und Alexanderplatz, die Raumproportionen der Halle ähnelten einem der drei Hallenschiffe in Frankfurt am Main. Hier in Bremen wurden die Gleise mit einem Hallendach von 59 Meter Breite aus Stahl-Fachwerk-Bogenbindern in Zweigelenkkonstruktion überdacht. Die zeitgenössischen Beschreibungen heben die künstlerische Ausbildung der Stirnwand der Halle hervor, wir können nach einem Jahrhundert die Auffassung vertreten, daß es kaum noch einen deutschen Bahnhofsbau gibt, bei dem die architektonische Verschmelzung einer auch städtebaulichen Bahnhofshalle mit dem Empfangsgebäude, das hier teilweise den Sockel und den Zugang zur Halle bildet, so gut geglückt ist, wie in Bremen.

Diese perfekte visuelle Verbindung geht eigentlich aus dem überaus logischen Grundriß hervor, der trotz der damals einsetzenden und im Falle von Bahnhofsbauten oft hervorstechenden Megalomanie des Historismus ein ausgewogenes Maß nicht überschritten hat.

Ulrich Krings vermittelt uns den Gedanken, daß in Bremen der Architekt Stier für den Gesimsabschluß der Vorhalle als Akzent an der Hauptfassade jenen Bogengiebel verwendete, der in den Stettiner und Anhalter Bahnhöfen in Berlin Schule machte. Bei den dortigen Kopfbahnhöfen als logische Fortsetzung der Bahnhofshalle, als ein Motiv, das zwar mit der Halle nicht mehr in Verbindung steht, jedoch dem Publikum den Bahnhof unverkennbar verdeutlicht. So wird die Hallenkontur ein allgemein akzeptiertes Bahnhofsgebäude-Motiv, um, wie Krings es formuliert, »den offensichtlichen Wunsch der preußischen Bahnverwaltungen, bei Neubauten eine gewisse motivische stilistische Kontinuität zu begründen, welche das Bahnhofsgebäude befähigen sollte, trotz jeweils differenzierter Grundriß- und Konstruktions-Dispositionen echtes Bahnhofsgepräge tragen zu können, das heißt, sich signifikant von anderen staatlichen Verwaltungs- und Repräsentationsbauten abzuheben« verkörpert. Dem ist hinzuzufügen, daß dies im Zeitalter des Historismus den Bahnverwaltungen Europas im allgemeinen geglückt ist. Inmitten einer Bautätigkeit, bei der sich der vielen geschichtlichen Ornamente, Fassadenbildungen und Kompositionen wegen die unterschiedlichsten Gebäude ähnelten und oft keine Andeutung mehr auf ihre Funktion gaben, gelten die Bahnhofsgebäude allgemein als solche erkennbar. Dies führt zu der oft naiven Erkenntnis, die Bahnhofsgebäude seien alle gleich gewesen. Bei den städtischen Bahnhöfen hat die Halle zu dieser Eigentümlichkeit das ihrige beigetragen. Der Bremer Bahnhof und seine Halle sind hierfür das treffendste Beispiel.

Die Dresdener Bahnhofshallen

Auf dem Gelände des Böhmischen Bahnhofes begann man im Jahre 1892 mit dem Bau des neuen Dresdener Hauptbahnhofes, nachdem ein Wettbewerb veranstaltet wurde, aus dem die Dresdener Architekten Giese und Weidner als Preisträger hervorgegangen waren. Sie hatten bei den nachfolgenden Entwurfsarbeiten auch die Pläne des Architekten Roßbach aus Leipzig zu berücksichtigen. Die Anlage paßte sich mit ihrer eigenartigen Anordnung gut den örtlichen Anforderungen an. Die Bauarbeiten schritten bis 1895 so weit voran, daß der Durchgangsverkehr im gleichen Jahr auf die in der südlichen Halle angelegten Gleise verlegt werden konnte. Am Ort des danach abgebrochenen alten Böhmischen Bahnhofes entstand nun der eigentliche Hauptbahnhof, er konnte bereits Anfang 1898 in Betrieb genommen werden. Mit der überbauten Fläche von beachtlichen 27600 m^2 und einer inneren lichten Höhe von 28,7 Meter im Mittelschiff, besitzt er eine der beachtenswertesten deutschen Bahnhofshallen der großen Eisenbahn-Bauzeit. Für sechs Gleise, die den Verkehr aus Deutschland aufzunehmen haben, ist die Mittelhalle mit 59 Metern Spannweite in Kopfbahnhof-Anordnung vorgesehen, beiderseits schließen sich – kaum bemerkbar, dennoch asymmetrisch – mit 30 bzw. 32 Metern Spannweite zwei Hallen an, deren Gleise um 4,5 Meter höher liegen, um den Durchgangsverkehr in Richtung Elbtal und Böhmen zu gewährleisten. Diese beiden Hallenschiffe erscheinen auch in der Hauptfassade der Prager Straße, treten aber im Stadtbild nur von wenigen Standpunkten her gesehen effektvoll hervor, da der hier breit auseinandergezogene Bahnkörper dies nicht uneingeschränkt zuläßt. An der Südseite schließen sich noch zwei durchgehende Gleise für den Güterverkehr der Anlage an. Auch hier in Sachsen wird der in Deutschland bewährte Dreigelenkbogen zur Konstruktion herangezogen. Effektvoll zeigt sich die Halle vom westlichen Gleisfeld aus, von der Innenstadt her gesehen wirkt sie mit ihrem riesigen Dach jedoch fast plump. Dieser Anblick kam jedoch erst durch die Zerstörungen des Zweiten Weltkrieges zum Tragen, früher gestattete die kompakte Bebauung bis zur Innenstadt keinen solch den gesamten Hallenbau erfassenden Standpunkt. In der Nacht vom 13. Februar 1945 und am darauffolgen-

den Tage war Dresden Ziel eines der verheerendsten Luftangriffe des Zweiten Weltkrieges. Es gibt kaum eine Stadt, in der die Verwüstungen bis heute so nachhaltig zu sehen sind. Der Bahnhof, im Mittelpunkt der Zerstörungen, brannte zwar aus, konnte aber mit nur kurzen Unterbrechungen weiter dem Verkehr dienen. Seine Wiederherstellung erfolgte alsbald nach dem Krieg, wobei die alte Anlage und Konstruktion beibehalten, die Fassade jedoch vereinfacht wiederhergestellt wurde. Bedauerlich, daß bei diesem Bahnhof, bei dem die Historisierung der Architektur mit der Bahnhofshalle in engster Verbindung steht, in den letzten Jahren keine Mittel zur Verfügung standen, um sie in ihrer alten Pracht erscheinen zu lassen. Was von diesem Bahnhof der Jahrhundertwende ungestört übrigblieb ist die Innenansicht, die Raumwirkung der Bahnhofshalle. Die Bahnsteige der Böhmer Strecke ermöglichen von ihrer erhöhten Lage aus einen Überblick zum Mittelschiff, der höchstens mit jenem in Hamburg zu vergleichen ist, hier in Dresden sich dennoch eigentümlicher gestaltet. Auch der Anblick vom Querbahnsteig des Mittelbahnsteiges her, mit den oben durchfahrenden Zügen, ist erstaunlich und interessant. Am faszinierendsten war dies wohl in der

Dresden Hauptbahnhof, 1898. Architekten Giese und Weidner. Die Hauptfassade liegt auf der östlichen, der Prager Straße zugewandten Seite. Eingeengt an der schmalen Durchfahrt liegend, kommt sie nur aus höhergelegenen Standpunkten zur Geltung. Hier zeigt sich das ausgeklügelte Funktionsschema: die beiden seitlichen Hallen für den durchgehenden Verkehr Richtung Böhmen erscheinen im Bild, die große Mittelhalle, die den Baukörper maßgeblich bestimmt, liegt hinter dem Eingangsbau. Im Bild ist das kleine Seitenhallenschiff ebenfalls gut zu sehen, ein Zug mit einer sächsischen Tenderlok der Gattung IV T verläßt sie eben (siehe auch Vorsatzbild).

Dresden Neustadt, 1901. Schnitt durch die dreischiffige Bahnhofshalle, welcher sich einerseits ein zweigeschossiges Empfangsgebäude anschließt. Es liegt im Vergleich zum Bahnkörper niedriger. Im ganzen Komplex ist die architektonische Komposition zurückgestellt, das zeigt sich schon an der Halle, bei der beim mittleren Schiff mit Bogenbindern sich zwei Halbpultdächer ohne jede ästhetische Wirkung anschließen.

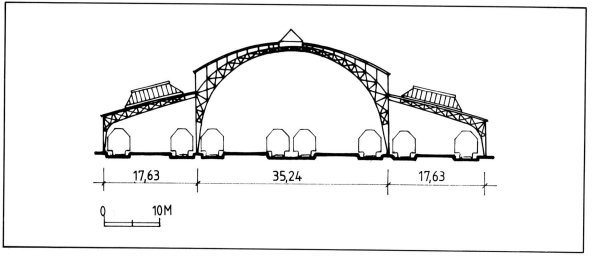

Dampflokzeit, als die aus den Kaminen hervortretenden Dampfwolken zum Hallengrat emporstiegen.

Nachdem im Jahre 1898 die Arbeiten am Hauptbahnhof beendet waren, begannen die Arbeiten des Bahnhofes **Dresden-Neustadt**, sie dauerten bis zum Jahre 1901. Hier wurde auf dem Gelände des ehemaligen Leipziger und des Schlesischen Bahnhofes ein Durchgangsbahnhof gebildet, dessen 177 Meter lange, dreischiffige Halle aus Stahl-Bogenbindern auf einem Sockel ruht, der die Unterführung der städtischen Straßen gewährleistet und die Räumlichkeiten des Empfangsgebäudes beherbergt. Ein ebenerdiger Keil des Einganges steht vor der Langseite der Halle. Jene zeigt sich eigentlich nur mit dem mittleren Hallenschiff, dessen Dreigelenk-Bogenkonstruktion eine Spannweite von 35 Meter hat. Die beiden seitlichen Hallenschiffe von je 17,5 Meter Spannweite schließen sich als Segmentbogenstücke in ihrer äußeren Erscheinung und in der Innenansicht fast belanglos dem Hauptkörper an. Die Schürzen der Stirnverglasungen weichen von der Dachkontur ab, es ergibt sich kein ästhetischer Anblick. Immerhin hat die Halle eine Grundfläche von 10100 m².

Die dritte Bahnhofshalle Dresdens stand bei der heutigen Haltestelle Dresden-Mitte und wurde damals Dresden Wettiner Straße genannt. Es handelte sich um einen perfekten Bahnhofsbau, der hier im Zuge der Umgestaltung der Dresdener Bahnhofsanlagen zur Zeit der Jahrhundertwende nach dem Muster der Berliner Stadtbahnhöfe errichtet wurde: seine einschiffige Halle stand auf dem dem angehobenen Gleiskörper angepaßten Sockel. Das Hallendach schmiegte sich der mit großen Fenstern verglasten Seitenwand bestens an. Die Bogenkonstruktion an der Stirnfassade erschien hier logisch, wurde im Geschmack des späten Historismus mit kleinen Akroterien sanft verziert. Schade, daß diese schöne Halle im Feuersturm des Februar 1945 unterging.

Die Halle des Hauptbahnhofes Frankfurt am Main

Auf dem Gelände der sogenannten drei Westbahnhöfe, deren aus Holz gezimmerte Hallen wir bereits besprochen haben, wurde bis zum Jahre 1888 die damals größte Bahnhofshalle des europäischen Kontinents als Frankfurt Hauptbahnhof errichtet. Der Architekt war Hermann Eggert (1844–1920), der Konstrukteur der Halle der namhafte Ingenieur und Brückenbauer Johann Schwedler. Eggerts Entwurf gewann bei dem 1880 veranstalteten Wettbewerb den ersten Preis der von der Akademie für Bauwesen gestellten Jury. Der Baubeginn erfolgte im Mai 1883, zwei Jahre später begann man mit der Errichtung der Halle. Die letzten Dreigelenk-Bogenbinder wurden am 22. August 1887 aufgestellt. Am 18. August 1888 wurde der Bahnhof dem Betrieb übergeben. Schwedler sah ihn nie, kurz vor der Vollendung erlitt er einen Schlaganfall. So kam Eggert die Aufgabe zu, die Halle in der Fachpresse vorzustellen:

»Die Gleishalle ist in drei Schiffe von 56 Meter Stützweite gegliedert und hat eine Gesamtlänge von 186 Meter. Sie ist von gekuppelten, 9,30 Meter voneinander entfernten Bogenträgern aus Gitterwerk überspannt, die in der Höhe der Bahnsteige ansetzen und in kräftiger, der Kreislinie angenäherter, oben etwas spitz zulaufender Bogenform bis zu 29 Meter Höhe aufsteigen. Die geringe Zwischenweite der Binder ist gewählt worden, um die Pfetten des Daches aus einfachen Walzträgern herstellen zu können. Die äußere Gurtung der Träger senkt sich in einer flacheren Kreislinie bis zur Höhe des gleichmäßig umlaufenden Gesimses der Umfassungsmauern und des Kopfgebäudes auf 10,70 Meter herab und verläuft dann senkrecht bis zu den Ansatzpunkten auf den Bahnsteigen. Dagegen ist die Dachhaut über den Stützpunkten durch Aufschieblinge etwa um vier Meter gehoben, so daß die

Dachkanten und Dachrinnen in etwa 14,50 Meter Höhe zu liegen kommen. Dadurch ist zwischen den Hallen ein freier Durchblick erreicht worden, während an den Außenseiten über den Umfassungsmauern eine senkrechte Wand als Eisenconstruction eingeschaltet werden konnte, in welche große, halbkreisförmige Fenster eingeschnitten sind. Die letzteren stehen in strenger architektonischer Beziehung zu den in den steinernen Umfassungsmauern angeordneten Fensteröffnungen und ergeben mit diesen eine wirkungsvolle Seitenbeleuchtung der Halle. An den Stirnseiten ist die Halle durch Glaswände abgeschlossen, und zwar auf der offenen Westseite durch freischwebende Schürzen, welche an ihren tiefsten Punkten eine Durchfahrtöffnung von 5,70 Metern freilassen ... ... Neben ... außerordentlich kräftigen Lichtquellen ist für die Hallenbeleuchtung eine weitgehende Anwendung von Oberlichtern erfolgt. Dieselben dehnen sich über 31,5 Meter der Breite der runden Dachfläche aus, und nehmen, abgesehen von einigen Endfeldern, denen die Glasschürzen ohnehin genügend Beleuchtung geben, die ganze Fläche zwischen den gekuppelten Dachbindern ein.«

Architektonisch betrachtet ist hier wieder einmal die vollkommene Harmonie zwischen der Halle und dem Empfangsgebäude, besonders dessen Schalterhalle, gelungen. Dies zeichnet sich am besten ab, wenn man vom mittleren Schiff aus in die Richtung zur Vorhalle blickt, wo sich hinter der verglasten Stirnwand die Kontur des Eingangsblocks zeigt. Man darf ohne weiteres behaupten, daß unter allen großen Bahnhofshallen dieser Anschluß der Halle an das Empfangsgebäude hier im Frankfurter Hauptbahnhof am besten gelungen ist, was nicht zuletzt darauf zurückzuführen ist, daß die drei Hallenschiffe auch den Querbahnsteig überspannen, nicht ohne mit dazwischen gesetzten Fachwerkbögen seine eigene Funktion mit dem Anblick in seine eigene Längsrichtung

Frankfurt/Main Hauptbahnhof, 1888. Architekt Hermann Eggert, Bauingenieur Johann Schwedler. Die stadtseitige Hauptfassade mit dem der Hallenreihe »untergeordneten«, aber mit ihr gut harmonisierenden Empfangsgebäude ist mustergültig. Im Bild zeigt sich der Bau noch mit seinen ursprünglichen drei Hallenschiffen. Er wurde nämlich später beiderseits vergrößert.

ten, neuzeitlichen Bahnhofsbauten wie denen in Leipzig oder Mailand, sind die Hallenschiffe dem Blick von der Stadtseite her völlig entzogen. Deshalb ist die Eggertsche Lösung umso mehr zu würdigen.

Im Jahre 1924 wurde die noch vor dem Ersten Weltkrieg eingeleitete Erweiterung der Hallenanlage mit je einem seitlichen Schiff beendet. Obwohl viele ursprüngliche Schön-

Rechts: Innenansicht der Hallen im Frankfurter Hauptbahnhof. Die Konstruktion der Fachwerk-Bogenbinder ist gut zu sehen, auch die Ausbildung des Scheitelgelenkes.

Schnitt durch die Dreigelenk-Bogenbinder-Konstruktion des Frankfurter Hauptbahnhofes.

betont zu haben. Gleichfalls geglückt ist auch die Erscheinung der Hallen-Stirnwände im Stadtbild, hinter dem im historisierenden Stil erbauten Vorbau, dem eigentlichen Empfangsgebäude. Dies mag vielleicht als selbstverständlich gelten, ist es aber nicht. Hierbei ist an die vielen, schönen Bahnhofshallen in England zu denken, deren größter Teil von einem »Hotelvorbau« verstellt ist, hinter dessen Fassade man keinesfalls eine Bahnhofshalle vermuten würde. Selbst bei so berühm-

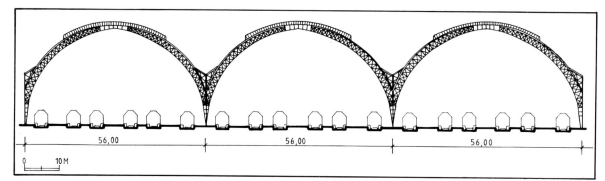

1184 Frankfurt a. M. Hauptbahnhof Mittelhalle.

45

heiten des Empfangsgebäudes der Umgestaltung zum Opfer fielen, blieb die Hallenanlage nicht weniger imposant. Am 29. Januar 1944 wurde sie schwer beschädigt, innerhalb von zehn Jahren war sie wieder hergestellt.

Die Hamburger Bahnhofshallen

Schon vor mehr als hundert Jahren war es im Stadtverkehr Hamburgs als äußerst störend empfunden worden, daß die drei, am Rande der Altstadt Hamburgs liegenden Bahnhöfe – der Berliner, der Venloer sowie der den aus dem Norden über Altona einmündenden Verkehr aufnehmende Klostertor-Bahnhof – untereinander mit Gleisanlagen verbunden waren, die teilweise auf den Straßen verliefen. Die Stadt besaß außerdem noch den kleineren Lübecker Bahnhof. Die Neugestaltung der Bahnanlagen wurde im Jahre 1892 in **Altona** begonnen, hier konnte der neue Kopfbahnhof mit einer mehrschiffigen Halle auf schlanken Stützen schon 1898 dem Verkehr übergeben werden. Für die Bahnhöfe der Verbindung von Altona nach Hamburg konnten 1903 die Bahnhöfe **Sternschanze** und **Dammtor** dem Verkehr übergeben werden. Bereits im Jahre 1900 wurde der Wettbewerb für den Bau des Hauptbahnhofes ausgeschrieben. Die Architekten Heinrich Reinhardt und Georg Süssenguth erhielten den Auftrag zum später ausgeführten Entwurf. Die Halle des neuen Hauptbahnhofes wurde von Ludwig Mertens entworfen, bei den endgültigen Konstruktionsplänen wirkten die Betriebsinspektoren Merling und Senst mit.

Der Hamburger Hauptbahnhof, schließlich in den Jahren 1903 bis 1906 errichtet, besaß mit der Spannweite von 73 Metern seines Mittelschiffes die größte Halle im mitteleuropäischen Eisenbahn-Hochbau. Es schließen sich noch zwei Seitenhallen mit je 20,2 Metern lichter Weite an. Das Mittelschiff hat eine Höhe von 35 Meter über SO, aufgrund der

Innenansicht der Bahnhofshalle in Altona, aufgenommen kurz nach ihrer 1898 erfolgten Fertigstellung. Architekten: Eggert und Schwartz. In vier Hallenschiffen mit Bogenbindern von je 21,5 Meter Spannweite mündeten acht Gleise. Im Bild sind die dünnen Zugbänder, die die Horizontalkräfte der Bogenstützen aufnehmen, gut zu sehen. Die mehrschiffige, tonnenartige Hallenanlage machte in Deutschland Schule: Kiel, Wiesbaden, Karlsruhe folgten den »wirtschaftlichen« mittleren Spannweiten.

tiefliegenden Gleisanlagen zeigt sich die Halle dennoch mit bescheidenen Ausmaßen im Stadtbild: sie erhebt sich nur 29 Meter über das Straßenniveau. Die Konstruktion ist ein Zweigelenkrahmen-System, mit dem Profil eines verkehrten Schiffsrumpfes, flache Dachflächen treffen in einem spitzen Grat zusammen. Die Halle überspannt eine sanfte Gleiskrümmung, weshalb ihr Binderabstand auf der Ostseite 16,5 Meter, auf der anderen etwa 14,5 Meter ausmacht. Die Binder – an und für sich recht breit – sind im Detail viel moderner gestaltet als bei den vorhergehenden deutschen Bahnhofshallen-Konstruktionen, wodurch das bei früheren Bauten oft kritisierte »Gewirr« an der Eisenkonstruktion vermieden werden konnte. Bei der Anlage des Bahnhofes ergab sich eine hervorragende Funktionslösung, in dem die Räumlichkeiten der Vorhalle brückenartig über die Gleise verlegt sind und teilweise innerhalb der Bahnhofshalle unmittelbaren und übersichtlichen Anschluß zu den Bahnsteigen gewährleisten. Dies hat zugleich auch einen städtebaulichen Akzent, die Eisenbahn zerschneidet nicht mehr das Stadtgefüge, die betroffenen Stadtteile sind durch eine vor der Halle liegende brückenartige Überführung und auch durch die Halle miteinander verbunden. Dadurch wirkt die Halle vom wichtigsten südlichen Winkel aus viel moderner als die früheren deutschen Bahnhofshallen, was sich aus der erwähnten flachen Dachkontur, aus den teilweise blechverklei-

Hamburg Hauptbahnhof, 1903 bis 1906. Nach Entwürfen der Architekten Reinhardt und Süßenguth und der Ingenieure Mertens sowie Merling und Senst errichtet. Die über tiefliegenden Gleisen errichtete Halle mit ihren Seiten- und Vorbauten bestimmt den im Stadtbild erscheinenden Baukörper.

deten Endbindern und aus der gutproportionierten, verglasten Hallenstirnwand ergibt. Aber auch an der Nordseite beherrscht die Hallenkontur das Bahnhofsbild. Zu bedauern ist das Eingreifen des Kaisers Wilhelm II in den Entwurf, mit dem er die Architekten zu Renaissancedetails anstatt der von jenen ersonnenen Jugendstilformen verpflichtete. Zum Glück fiel dies bei einem Bau, bei dem die Gesamtanlage von der Halle beherrscht wird, weniger störend aus, obwohl die Perfektion des Gesamtkunstwerkes unbestreitbar verloren ging.

Schon 1872 wurde mit dem **Venloer Bahnhof** in Hamburg eine beachtliche Bahnhofshalle mit etwa 37 Meter lichter Weite eröffnet, sie überspannte – wie damals üblich – fünf Gleise. Die Halle wies einen Segmentbogenabschluß mit parallellaufenden und mit Fachwerk verstrebten Gurten in Zweigelenkbauweise mit Zugband auf. Diese wurde von sechs vertikalen Hängeeisen in der horizontalen Lage gehalten. Die Binder lagen etwa 13 Meter hoch auf den Seitenwänden. Diese Seitenwände der Halle waren gleichzeitig die Trennwände für den Seitenbau, die die Halle flankierten. Stattlich war auch die Hauptfassade des Bahnhofes mit einem Kopfgebäude, dessen fünf Bögen diesmal die Gleise nicht nur andeuteten, sondern deren Tore bildeten, indem jene die Fassade auch durchbrachen. Drei endeten in einer Drehscheibe, zwei nahmen ihre Fortsetzung zur Verbindungsbahn nach Altona.

Innenansicht des Hamburger Hauptbahnhofes.

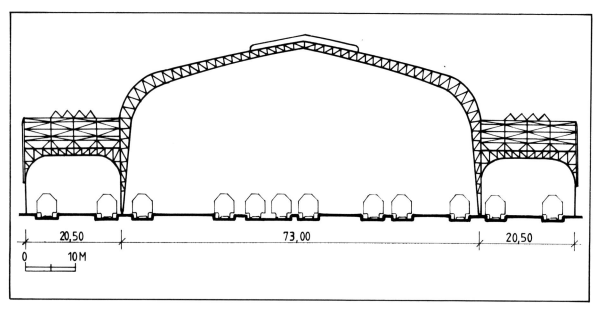

Querschnitt der Bahnsteighalle des Hamburger Hauptbahnhofes. Mit 73 Meter Spannweite ist er der größte unter den deutschen Stadtbahnhöfen.

Hamburg Dammtor, 1903. Architekt Schwartz, Ingenieure Rüdell und Merling. Schnitt durch die Halle.

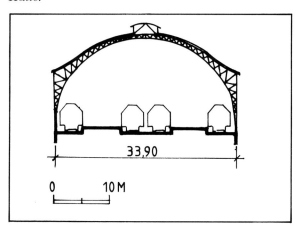

An dieser Verbindungsbahn wurden im Laufe der erwähnten Umbauarbeiten anstelle der seit 1866 bestehenden Bahnhöfe **Dammtor** und **Sternschanze** im Jahre 1903 die neuen, dem hochgelegten Gleiskörper angepaßten Bahnhofsbauten dem Verkehr übergeben: es waren auf Sockel stehende, wie Manfred Berger sie nennt, »Stadt-Bahnhof-Typen«. Caroll Meeks, der gewandte Architekturhistoriker der Bahnhofsbauten charakterisierte einmal die auf Sockeln stehenden Bahnhofshallen mit der treffenden Formulierung, daß in ihrem Falle »The shed **is** the station«, die Halle selber das Bahnhofsgebäude ist. Dies trifft hier zweifellos zu. Die Bahnhofshalle von Dammtor ist 34 Meter breit und 17 Meter hoch. Sie besteht, nach der Behebung von Kriegsschäden, in vereinfachter Form heute noch. Der Hallenbau des Bahnhofs Sternschanze ist jedoch einer neuen Anlage mit Bahnsteigdächern gewichen. Leider hat man auch die schöne Halle in Altona abgebrochen, da ein neuer Durchgangsbahnhof den Verkehr nach dem Norden beschleunigte. Dieser erhielt nach heutiger Bauweise dann wieder Bahnsteigdächer.

Die Kölner Bahnhofshallen

Obwohl bereits 1839 die Rheinische Eisenbahn ihren Streckenbau nach Aachen mit dem ersten Abschnitt bis Müngersdorf eröffnete und in den darauffolgenden Jahren die Bonner, die Mindener und die Krefelder Bahn ihre ersten Strecken dem Verkehr übergaben, bekam Köln erst mit dem Bau der Rheinbrücke im Jahre 1859 seinen »Central-Bahnhof«. Den fast weltweit einzigartigen Standort am Fuße des altehrwürdigen Domes verdankt der Bahnhof ebenfalls der Brücke und der anschließenden neuen Eisenbahntrassierung, die – und dies geschah selten – die Kölner Altstadt durchdrang. Es war der preußische König Friedrich Wilhelm IV – Köln gehörte seit 1815 zu Preußen – der der hinsichtlich der Linienführung und des Brückenstandortes wegen heftig entbrannten Diskussion schließlich damit ein Ende setzte, daß er den Wunsch äußerte, die Brücke auf den Dom auszurichten, dessen Anblick von der Apside her zum »Point de vue« für den rheinüberschreitenden Verkehr werden sollte.

Die Bahnsteighalle des erwähnten Central-Bahnhofes bestand aus zwei niedrigen Hallenschiffen auf gußeisernen Säulen, mit je einem flach geneigtem Satteldach, dessen Polonceau-Binder je drei-drei Gleise im Kopfbahnhofabschnitt überspannten. Zwischen beiden Hallenschiffen und auf den beiden Seiten bildeten die Säulenreihen schmale Passagen. Das von der neuen Rheinbrücke hereinschwenkende Gleis tangierte die Hallen seitlich, die Hallendach-Auskragung schützte die Reisenden der rheinüberschreitenden Züge.

Im Jahre 1880 wurden die am Central-Bahnhof beteiligten Bahngesellschaften verstaatlicht, es ist auch das Jahr der Fertigstellung des Domes, dessen Bau im Mittelalter unterbrochen worden war. Es begannen die Verhandlungen und Projektierungen bezüglich der Umgestaltung der Bahnanlage, in die

Köln Centralbahnhof, 1859. Schnitt durch die zweischiffige Bahnhofshalle.

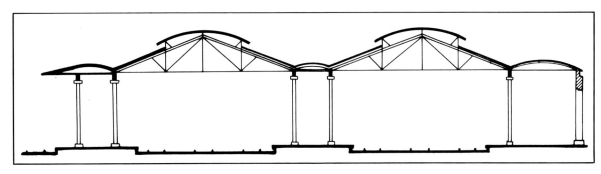

Die Bahnhofshalle im Kölner Stadtbild. Der sanfte Spitzbogen der Konstruktion zeichnet sich fein auf der Hallenansicht ab, er hatte die Aufgabe, mit dem gotischen Dom ästhetische Fühlung aufzunehmen. (Foto: Stadt Köln – Rheinisches Bildarchiv)

49

auch die Erweiterung des alsbald Hauptbahnhof genannten Central-Bahnhofes einbezogen war. Bereits 1883 konnte eine Einigung erzielt und bald darauf mit dem Bau begonnen werden. Die Vereinbarung betraf auch die Erhöhung des Gleiskörpers, die Lage des neuen Haupt-Personen-Bahnhofes und den nach Berliner Muster – dort konnte 1882 die Stadtbahn eröffnet werden – zu errichtenden städtischen und Regionalverkehr. Im Zuge einer neuen Streckenführung wurden die beiden neuen Kölner Bahnhöfe **Köln-West** und **Köln-Süd** 1891 fertiggestellt. Es handelt sich hierbei um 50 Meter lange Eisenhallen, die auf einem Zugang bietenden Sockel stehen und ein segmentbogenförmiges Hallendach mit 19,3 Meter Spannweite mit eingespannten Rahmensäulen und zugbandgesicherten Dreigelenkbogen aufweisen. Sie bestehen heute nicht mehr.

Für den Neubau des Kölner Personenbahnhofes erließ die Akademie des Bauwesens ausführliche und maßgebliche Vorschriften. Es wurde nicht nur der Standort des neuen Bahnhofes, sondern auch seine Breite mit 92 Meter und seine Länge mit 255 Meter festgelegt, und mit Hilfe von Fotografien wurden die Konturlinien, die zum Schutz des Stadtbildes der Altstadt dienen sollten, für die Wettbewerbsteilnehmer festgelegt, die Höhe der Halle wurde mit 24 Meter vorgeschrieben. Der Wettbewerb, 1887 ausgeschrieben und bis 1888 ausgewertet, endete mit der Empfehlung des Projektes von Georg Frentzen, dessen modifizierte Version auch bis 1894 verwirklicht wurde. Im Entwurf beherrscht eine dreischiffige Halle die Komposition. Das mittlere Schiff wirkt mit der empfohlenen bzw. vorgeschriebenen Spannweite von 63,9 Metern und der Höhe von 24 Meter beherrschend, die beiden seitlichen Hallenschiffe mit je 13,4 Meter Spannweite ergänzen sie vorteilhaft. Obwohl Architekt Frentzen im Geist des späten Historismus eine reich verzierte Vorhalle und einen Bahnhofsturm dem Dom zuwandte, ist doch der Hal-

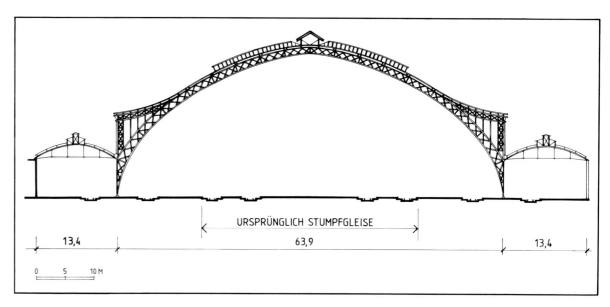

Köln Hauptbahnhof. Schnitt durch die Bahnhofshalle.

lenkörper für die Architektur des gesamten Baukomplexes ausschlaggebend. Dies umso mehr, als die große rheinseitige Stirnwand der Halle eine elegante Konturlinie zeigt, die mit der seitlichen Belichtungswand in gutem Einklang steht und auch mit dem stilisierten Vorbau harmoniert.

Damit befand sich in unmittelbarer Nähe des mittelalterlichen Domes die »Kathedrale des Industriezeitalters«. Vom Rhein und von der Deutzer Seite aus gesehen erschienen sie nun zusammen im Stadtbild. Es ist erstaunlich, wie gründlich die Akademie des Bauwesens die Frage der Nebeneinanderstellung des Alten und des (damals) Modernen nach gründlicher Erwägung befürwortete. Ulrich Krings berichtet, daß die damaligen (!) Grundsätze wie folgt lauteten: »Es muß als ein Irrtum bezeichnet werden, daß die Nachbarschaft hervorragender Bauwerke dazu nöthige, neue, ganz anderen modernen Zwecken dienende Bauten in demselben

Stile zu halten wie jene. Will man für das hier in Rede stehende Bahnhofsgebäude überhaupt den gothischen Stil zur Anrechnung bringen, so müßte er dem Zwecke entsprechend wesentlich vereinfacht und in gewissem Sinne modernisiert werden. Es gibt aber überhaupt keine Unternehmungen, in welchen das Wesen unserer Zeit gegenüber der Vergangenheit einen so scharfen Ausdruck fände, wie in den großen Bauwerken für den Verkehr, den einzigen, welche mit den großen Bauwerken des Alterthumes wetteifern können, ja in ihrer Gesamtheit sie überragen. Es erscheint daher nicht nur als ein Recht, sondern geradezu als eine Pflicht, in diesen Bauten die heutige Kunstanschauung zum Ausdruck zu bringen und der Nachwelt monumentale Urkunden der Jetztzeit zu überliefern.«

Dementsprechend ist der Scheitelpunkt der großen, in sich fachwerkverstrebten Parallelgurte-Bogenbinder als ein kleiner Knickpunkt ausgebildet, er zeigt damit seine Verwandtschaft mit dem Spitzbogen. Dies dürfte auch in Anlehnung an die für jeglichen damaligen Hallenbau mustergültige Londoner St. Pancras-Bahnhofshalle geschehen sein, die in der Architektur ihrer Seitenwände und mit ihrem Hotelvorbau ein klares Bekenntnis zum neogotischen Stil ablegte.

Die Konstruktion war ein Zweigelenkbinder, ansonsten in Deutschland seltener angewandt. Die dazu damals vorgebrachte Begründung lautet: Ein Scheitelgelenk gab es nicht, »da bei der verhältnismäßig großen Biegsamkeit des Binders die aus der statischen Unbestimmtheit sich ergebenden Nachtheile (Temperatur- und Aufstellungsspannungen) nur gering sind gegenüber dem Vortheil der hierdurch erzielten größeren Gleichmäßigkeit der Gurtungsquerschnitte«. Neben der seitlich angebrachten verglasten Fensterbank war auch eine etwa 35 Meter breite Oberlichtfläche an der guten Belichtung des Halleninneren beteiligt. Von den acht Gleisen waren nur vier durchgehend, während die mittleren vier Gleise aus beiden Richtungen in dem der Hallenmitte angesetzten Inselgebäude kopfbahnartig endeten. Diese Anordnung blieb nicht lange in Betrieb, sie konnte dem ständig und schnell anwachsenden Verkehrsaufkommen kaum gerecht werden. Bereits 1905 wurde mit einer Neuplanung der Kölner Bahnanlagen begonnen, 1909 konnten die Arbeiten in Angriff genommen werden. Sie mußten 1915 wegen des Weltkrieges frühzeitig abgeschlossen werden. In jene Zeit fällt auch der Bau der neuen viergleisigen Hohenzollernbrücke über den Rhein. Für den Hauptbahnhof bedeutete dies einen Gleisumbau, es gab nunmehr ausschließlich Durchgangsgleise, der unter der Halle stehende Inselbau mit seinen Wartesälen wurde abgetragen. Die äußere Erscheinung der Bahnhofshalle wurde auf der Rheinseite recht nachhaltig beeinträchtigt, indem ihr vier niedrige Hallenschiffe angesetzt wurden, sie erreichten die Höhe der alten Nebenschiffe.

Köln gehörte zu den ersten deutschen Städten, die im Zweiten Weltkrieg Großangriffen aus der Luft zum Opfer fielen. Dom und Bahnhof wurden schwer beschädigt, jedoch nicht vollkommen zerstört. Dem ist zu verdanken, daß die von uns behandelte Halle bestehen blieb, der historisierende Vorbau wurde abgetragen und durch einen einfachen Neubau ersetzt. Der Grund hierfür ist wohl weniger in technischen Gründen zu suchen, sondern eher in einer gewissen Intoleranz, die die um 1950 maßgebende Architekturgeneration dem Historismus entgegenbrachte. Heute würde ihn wohl niemand mehr abreißen. Die große Halle wurde lediglich im Bereich ihrer Oberlichter verändert. Nach weiteren dreißig Jahren mußte sie noch einmal gründlich überholt werden.

Ansicht der Leipziger Bahnhöfe vor dem Bau des Hauptbahnhofes an etwa gleicher Stelle. Links steht der Magdeburger Bahnhof, rechts ist die (zweite) Halle des Dresdener Bahnhofes, im Zustand zur Jahrhundertwende, nachdem drei ihrer Torbogen bereits früher abgebrochen wurden, zu sehen. (Sammlung Reiner Preuß)

Der Leipziger Hauptbahnhof

An der Stelle von drei nebeneinanderliegenden Bahnhöfen privater Eisenbahnverwaltungen aus der Gründerzeit der Eisenbahn, des Thüringer, des Magdeburger und des Dresdener Bahnhofes, wurde zwischen 1902 und 1915 der seinerzeit größte Bahnhof Europas, der **Hauptbahnhof Leipzig** errichtet. Schon seit dem Jahre 1887 begutachteten die Vertreter der Sächsischen und der Preußischen Regierung verschiedene Entwürfe zur Lage eines neuen zentralen Bahnhofes der aufstrebenden Stadt. Die Sächsischen Staatsbahnen befürworteten einen großen Durchgangsbahnhof, die Preußen lehnten dies wegen der für ihren Knotenpunkt Halle a.d. Saale zu befürchtenden Konkurrenz ab. Da die Stadt Leipzig aus städtebaulichen Gründen einen neuen Kopfbahnhof anstelle der erwähnten alten Bahnhöfe bevorzugte, kam es schließlich 1898 zur Einigung (wobei auch das Gebiet des zwischen den alten

*Leipzig Hauptbahnhof, 1909 bis 1915 errichtet.
Architekten: Lossow und Kühne. Innenansicht,
kurz nach der Eröffnung aufgenommen. Das Bild
zeigt gut die doppelten Fachwerk-Bogenbinder,
auch das Scheitelgelenk ist wahrzunehmen. Zur
Zeit dieser Aufnahme war der Bahnhof noch zwischen den Preußischen und den Sächsischen
Staatsbahnen geteilt. Der im Bild sichtbare Teil
gehörte zu Preußen, eine S 6 mit einem D-Zug
steht am Bahnsteig.*

Bahnhöfen gelegenen städtischen Lagerho-
fes in Anspruch genommen wurde). Im Hinblick auf die große Bahnhofshalle ist bereits
der im Jahre 1906 ausgeschriebene Archi-
tektenwettbewerb, an dem sich 76 Architekten beteiligten und aus dem die Architekten
Wilhelm Lossow und Max Kühne aus Dresden als Sieger hervorgegangen waren, von
großem Interesse. Neben der Einhaltung der
vorgeschriebenen Stützweiten gab es bemer-
kenswerte Lösungen in vielen Varianten. Der
schließlich ausgewählte und verwirklichte

Hallenbau dürfte der ansprechendste gewesen sein.

Nicht hinsichtlich ihrer Spannweite, aber
was die bebaute und überdachte Gesamtfläche betrifft, ist die sechsschiffige aus Stahl
erbaute Halle einzigartig. Ihre Fläche beträgt
– den aus Stahlbeton gebauten Querbahnsteig inbegriffen – 69 090 m², sie ist
295 Meter breit (was sich aus zwei
42,5 Meter und vier 45 Meter breiten Hallenschiffen sowie zwei seitlichen Hallenschiffen
mit je 15 Meter Spannweite ergibt), und vom

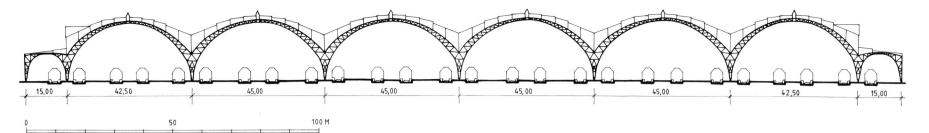

| 15,00 | 42,50 | 45,00 | 45,00 | 45,00 | 45,00 | 42,50 | 15,00 |

0   50   100 M

Schnitt durch die Hallenkonstruktion des Leipziger Hauptbahnhofes, er bestand aus Dreigelenk-Bogenbindern und überdeckt eine Bahnanlage von rund 60000 m² Fläche. Zusammen mit dem Querbahnsteig aus Stahlbeton kommt man auf fast 70000 m².

Vorbau aus gerechnet 240 Meter lang. Die Konstruktion ruht auf Dreigelenk-Bogenbindern, deren Gelenke auf der Bahnsteigsohle ruhen bzw. im Scheitelpunkt angebracht sind. Sie ist gleisfeldseitig mit einer verglasten Schürze abgedeckt und schließt sich dem Vorbau zu einer Querhalle an, die aus Stahlbeton, dem damals noch neuen Baumaterial errichtet wurde. Die Bahnsteighalle ist auf etwa einem Drittel ihrer Dachfläche (24000 m²) kittlos verglast. Für diese Überdachungskonstruktion wurde 1909 noch einmal ein Wettbewerb ausgeschrieben, an dem sich 25 deutsche Firmen beteiligten. Mit ihrer 20 Meter betragenden Scheitelhöhe ist ihre Raumwirkung monumental, die darin sich bewegenden Züge und die Reisenden gewinnen eine mehr als gebührende Abschirmung in einer – und das ist auch heute noch einmalig – 1,3 Millionen Kubikmeter

Leipzig Hauptbahnhof, 1909 bis 1915. Gleisfeldseitige Hallenansicht, preußische Seite. Die Bogenbinder und die Stirn der Oberlichtaufbauten sind gleichsam blechverkleidet. Die große verglaste Stirnwand ruht auf einem vor jedem Hallenschiff zweimal unterstütztem Träger. Es ergibt sich insgesamt eine monumentale Architektur.

umbauten Raum umfassenden Halle. Sie ist gut beleuchtet und war auch zur Zeit des Dampfbetriebes genügend durchlüftet. Auch das Tonnengewölbe der 267 Meter langen, 33 Meter breiten und 27 Meter hohen Querbahnsteighalle ist auf rund einem Drittel verglast, ihre Raumwirkung erinnert an die in der zweiten Hälfte des vergangenen Jahrhunderts in vielen Großstädten errichteten Einkaufszentren. Die Kosten betrugen damals 4,39 Millionen Mark, diese Zahl hat aber heute ihre Bedeutung verloren. Es ist interessant zu erwähnen, daß diese mächtige

Halle des Leipziger Hauptbahnhofes nicht mehr als 3,5 Prozent der 137 Millionen Mark betragenden Gesamtkosten des Bahnhofsbaues betrug!

Der eigentliche Hallenbau begann einige Monate nachdem man am 16. November 1909 den Grundstein für das Empfangsgebäude gelegt hatte, die teilweise Übergabe der neuen Bahnhofsanlagen erfolgte 1912, der Schlußstein – der einstige Grundstein des Dresdener Bahnhofes in Leipzig – wurde am 4. Dezember 1915, also schon in der Zeit des Ersten Weltkrieges gesetzt. Dieser Termin bedeutete die Beendigung der sächsischen Bahnhofshälfte, da dieser mächtige Bahnhof zwei Länderbahnen beherbergte. Nicht nur die Räumlichkeiten des Empfangsgebäudes, auch beispielsweise die Stellwerksanlagen wurden getrennt errichtet. Preußen besaß neben dem an anderer Stelle erwähnten damals hochmodernen elektrischen Befehlsstellwerk noch acht mechanische Stellwerke im Bahnhofsgelände, Sachsen besaß vier elektrische Kraftstellwerke und zwölf mechanische.

Fünf Jahre später war der Bahnhof in der Deutschen Reichsbahn vereinigt. Bis dahin war es nur die Halle, die einen einheitlichen Anblick bot, selbst die stadtseitige Hauptfassade, die die Halle mit einer neubarocken Architektur städtebaulich als hervorragendes und zeitlos wertvolles Kunstwerk verdeckte, ließ mit seinen zwei Eingängen und den dahinter liegenden zwei Vorhallen damals auf die Konkurrenz der preußischen und sächsischen Eisenbahnen schließen.

Es ist ein großes Verdienst der Deutschen Reichsbahn, daß sie nach den Verwüstungen des Zweiten Weltkrieges dieses in der europäischen Eisenbahnarchitektur einmalige Werk der Messestadt samt seiner Halle in der ursprünglichen Konstruktion im Zeitraum von 1955 bis 1959 wieder aufbauen ließ.

Der Münchener Hauptbahnhof

Vier Hallenschiffe mit gleicher Stützweite und Scheitelhöhe wurden anläßlich der großen Umgestaltung des Münchener Bahnhofes 1876 vor den alten Bau gesetzt. Interessanterweise wurde die alte Halle von Bürklein teilweise in die neue Gesamtkomposition einbezogen, 11 ihrer vormals 24 Holzbinder überspannten jetzt das Vestibül. Nicht aus denkmalschützerischen Bedenken – diese waren damals auf das Altertum und das Mittelalter beschränkt –, auch nicht aus Ehrfurcht vor einem großen bayerischen Meister, wie Bürklein es war, behielt

München Hauptbahnhof, 1884. Architekt Graff, Ingenieur Heinrich Gerber. Zeitgenössische Innenansicht der Halle. (Aus: Jordan-Michel, op. cit.)

man diese Vorhalle, sondern einfach aus der Überlegung heraus, vorerst die neue Bahnsteighalle zu errichten und ihr, unter Beibehaltung des alten Vorbaues, für einen später errichteten neuen Anschluß das Gelände zu sichern. Dies geschah aber einstweilen nicht, wurde ständig hinausgeschoben, bis schließlich erst die Verwüstungen des Zweiten Weltkrieges den Resten der Bürkleinschen Holzhalle, zusammen mit der neuen Gerberschen eisernen Bahnsteighalle ein Ende bereiteten.

Je zwei Gleise waren mittels einer Drehscheibe zusammengefaßt, zwei dieser »Gleisbündel« lagen in jedem Hallenschiff, die eine Stützweite von 35 Meter und eine Höhe von 22,2 Meter hatten, und der Länge nach in Abständen von 10 Metern mittels insgesamt 14 sichelförmigen Fachwerkbindern – die auf massiv anmutenden, eckigen Pilastern ruhten – überdeckt waren. Die Pilaster waren in sich ebenfalls aus Fachwerk gebildet und mit verziertem Blech verkleidet. An drei Seiten war diese Halle mit einer im Stil der Renaissance verzierten Mauer umgeben, ihre abgerundete Toröffnung und die Nischen dürften nochmals eine Reminiszenz gegenüber dem berühmten Münchener Rundbogenstil gewesen sein, der ja auch den einstigen Bürklein-Bau auszeichnete. Besonders ansprechend sind die vier gleisfeldseitig verglasten Stirn-

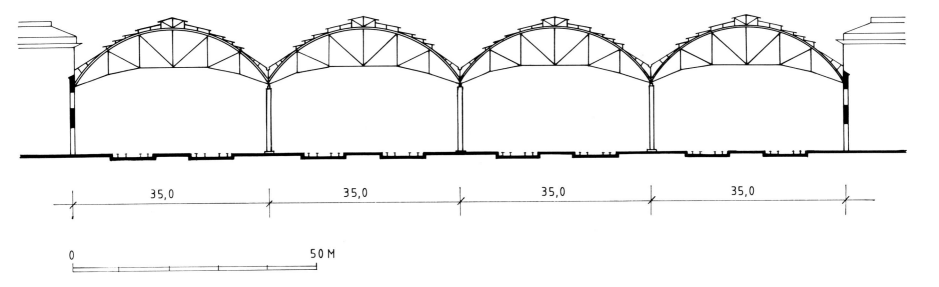

35,0   35,0   35,0   35,0

0   50 M

segmente. Ihr Sockel – und damit der Abschluß der Mauern – liegt in der Höhe der Hallentragpfeiler. Dadurch zeichnete ihre belichtete Fläche in jeder Hallenachse dessen Bogen rein ab, dies war ein damals recht modernes und dem Kunstgefühl Münchens wohl entsprechendes Motiv. Die Hallenschiffe waren außerdem mit Oberlichtfeldern versehen. An der entgegengesetzten Hallenseite waren die verglasten Stirnwände zwischen fünf stilisierte Türme gesetzt.

Die Gestalter dieser Münchener Halle waren berühmte Persönlichkeiten, zu allererst muß der Leiter des Gesamtprojektes seitens des Direktionsrates, Carl Schnorr von Carolsfeld erwähnt werden, er dürfte maßgeblich an der Auswahl des Projektes des Architekten Graff beteiligt gewesen sein, der mehrere Varianten ausarbeitete. Schließlich ist auch der weltberühmte Ingenieur Heinrich Gerber (1832–1912), der schon 1866 ein Patent für ein heute nach ihm benanntes System bekam, wonach in den durchlaufenden Trägern Gelenke eingefügt wurden, tätig gewesen. Es sei aber bemerkt, daß die beim Hauptbahnhof in München angewandten sichelförmigen Binder nicht mit dem Patent ihres Konstrukteurs zusammenhängen.

Schnitt durch die Halle des Münchener Hauptbahnhofes, 1884.

Details des Dachstuhles am Münchener Ostbahnhof, 1860.

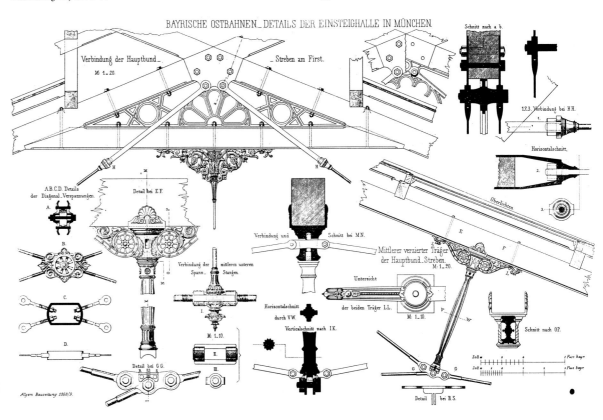

Die bekannte Fotografie des alten »Neuen Bahnhofes« in Stuttgart. Die beiden Hallen sind gut zu sehen. (Im Vordergrund dürfte eine Lokomotive der Klasse D, gebaut in Esslingen, stehen.)

Im Zweiten Weltkrieg wurden die Münchener Bahnhofshallen so stark beschädigt, daß man sich danach zu einem Neubau entschlossen hat. Im Anschluß an den Hauptbahnhof in München stand bereits seit 1860 der private Ostbahnhof nach Entwürfen von Heinrich Hügel. Der Hallendachstuhl war eine schöne Kombination aus Holz und Eisen, als Polonceau-Binder kombiniert, die druckbeanspruchten Elemente noch aus Gußeisen. Die fünffachsige Stirnwand-Architektur harmonisierte aber nicht mit den vier Gleisen.

Weitere deutsche Bahnhofshallen

Nach nur 20 Jahren Betrieb wurde in **Stuttgart** der Bahnhof zu klein. Nach Entwürfen von Wolff, Abel und Klein baute man den »Neuen Bahnhof« (1863–1867). Waren die Zeitgenossen noch von der schönen stadtseitigen Renaissance-Architektur – in den sechziger Jahren des vorigen Jahrhunderts wohl recht modisch – fasziniert, richten wir heute unsere Aufmerksamkeit auf die fast einmalige Hallenanordnung. Den Räumlichkeiten des zungenartig auskragenden Empfangsgebäudeflügels wurde nämlich beider-

Innenansicht der nördlichen Bahnsteighalle des Stuttgarter »Neuen Bahnhofes«, erbaut 1863 bis 1867 nach Entwürfen von Baudirektor Georg von Morlock und Bauinspektor Adolf Wolff unter Mitwirkung der Oberbauräte Abel und Klein. Die Hallenkonstruktion und die der Belichtung dienenden Oberflächen sind gut zu sehen; im Vordergrund die Drehscheibe. Der erhöhte Mauerbogen deutet auf den Durchgang zur südlichen Bahnsteighalle desselben Ausmaßes. (Archiv Stuttgart Hauptbahnhof)

seits je ein stattliches Hallenschiff angefügt, die beiden standen in ihrer Funktion und im Anblick vollkommen im Einklang mit der Stil-Architektur des Empfangsgebäudes. Die nördliche Halle diente der Ankunft, die südliche der Abfahrt. Jede war 29 Meter breit und 166 Meter lang, jede hatte ein Satteldach. Die Dachkonstruktion bestand aus Fachwerkträgern in Schweißeisen. Die untere Stabreihe ergab ein Bodensegment. Die Stabelemente wirkten auffallend schlank, es war eine fortschrittliche Konstruktion, nach Berechnungen des Ingenieurs Morlock erbaut. In jedes Hallenschiff mündeten vier Gleise, sie endeten in Drehscheiben. Die beiden verglasten gleisfeldseitigen Stirnwände deuteten in ihren mittleren Hallenabschnitten die Konturen der Binder an, auf beiden Seiten standen Mauern, in der Verlängerung der Bahnsteige mit Toren verschlossen. Diese Anordnung war zur Mitte des vergangenen Jahrhunderts üblich, es bildete sich so teilweise ein gleisfeldseitiger Wandabschluß, wodurch die raumgestaltende Kraft der Halle beträchtlich zunahm. Bedauerlich, daß diese Bogen nicht mit den äußeren Bahnsteigdächern – die in Verlängerung der Halle standen und mit ihrem Satteldach von außen die Architektur nachteilig beeinflußten – in Einklang gebracht worden sind.

Diesem »neuen« Bahnhof in Stuttgart waren mehr als vier Jahrzehnte vergönnt, dann errichtete man den Bonatzschen Bahnhof, dessen fortschrittliche Holzhallen schon besprochen wurden. Dies geschah nicht nur im Sinne einer Erweiterung oder Modernisierung, sondern hauptsächlich aus städtebaulichen Gründen. Der nunmehr endgültige Bahnhof wurde etwas stadtauswärts Richtung Osten verlegt. Immerhin ist es auch einmalig, daß ein Großstadtbahnhof nach einer Halle aus Eisenkonstruktion nochmals eine neue Bahnhofshalle aus Holz bekam. Schade, daß sie – wie berichtet – im Weltkrieg unterging. Der Wiederaufbau nach dem Zweiten Weltkrieg lehnte sich hinsichtlich seiner An-

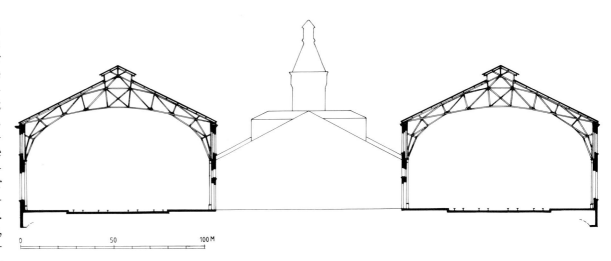

Stuttgart. »Neuer Bahnhof«. Schnitt der beiden Bahnhofshallen die Dachstühle mit Fachwerkbindern aus Profileisen hatten und die beachtliche Spannweite von 29 Meter erreichten.

ordnung weitgehend an die Holzhalle von Bonatz an, als Material wurde jedoch Stahl gewählt. Der Querschnitt dieser neuen Hallenanlage deutet auf eine ausgeklügelte Kombination von Bahnsteigdächern und Dachreitern. Bonatz selbst war bei dieser »Neugeburt« seines wichtigsten Werkes mit dabei. In **Chemnitz** (heute Karl-Marx-Stadt in der DDR) wurde der 1852 eröffnete Bahnhof in den Jahren 1869 bis 1872 erweitert, wodurch sich eine L-förmige Anlage bildete. Lediglich ein Teil des Verkehrs benutzte die Durchgangsgleise, die am Empfangsgebäude vorbeiführten, der größere Teil mündete in eine Kopfbahnhof-Lage. Sie alle hatten aus Guß- und Schmiedeeisen konstruierte Bahnsteigdächer. Das stattliche Empfangsgebäude blieb auch nach dem Bau einer neuen, größeren Bahnhofshalle nach 1910 bestehen. Diese neue Halle hatten eine vierschiffige Anordnung und besaß eine Dreigelenk-Rahmen-Stahlkonstruktion, mit 14 Meter Höhe und sehr flacher Dachneigung. In eben

diesem Bahnhof errichtete die Deutsche Reichsbahn im Verlaufe der Nachkriegs-Wiederaufbautätigkeit ihre großzügigste Bahnhofshalle in Stahlkonstruktion.

Der aufgrund von Entwürfen des Architekten Hubert Stier in den Jahren 1877 bis 1879 in **Hannover** erfolgte Neubau des Hauptbahnhofes und seiner Hallen hat auf den Eisenbahn-Hochbau, besonders auf die Gestaltung weiterer Bahnhofshallen in Deutschland besonders großen Einfluß ausgeübt. Der Bau fiel in den Beginn eines wirtschaftlichen Aufschwunges, der es möglich machte, daß die in der Gründerzeit angewachsenen bedeutenden Städte ihre Eisenbahn-Anlagen weitgehend und mit großem Kostenaufwand modernisieren konnten. In Hannover wurde jener Grundtyp geschaffen, der zum Muster für die gesamte Epoche der Gründerzeit wurde. Es handelte sich um eine moderne Durchgangsstation, bei der die Bahnsteige für den Personenverkehr auf eine über dem Niveau des Vorplatzes liegende Plattform geführt wurden und durch Unterführungen zu erreichen waren. In Hannover lagen die Gleise vier Meter über dem Straßenniveau, den Bahnverkehr nahmen neun Gleise auf, die von zwei aus Eisen konstruierten Hallenschiffen überdacht waren. Jede der beiden Hallen weist eine Spann-

steige durch Unterführungen und Treppen. Eine heute allgemein übliche Anordnung machte hier in Hannover Schule. Die beiderseits der Eisenbahn liegenden Stadtteile konnten so unter dem Bahnkörper hindurch ungehindert miteinander verbunden werden. Von der Stadtseite her gesehen waren die beiden Hallenschiffe hinter dem ausgewogenen Baukörper des stattlichen Empfangsgebäudes dem Blick praktisch entzogen. Es dauerte noch zehn Jahre bis man, den Sockel nützend, die Halle als Kompositionsgestalt der Gesamtanlage in Erscheinung treten ließ, wie dies bei der bereits besprochenen Stadtbahn in Berlin geschehen war.

Die Hannoversche Anordnung konnte sich teilweise schon nach dem erwähnten **Magdeburger** Hauptbahnhof richten, bei dem eine ähnliche Lage des Empfangsgebäudes und der – aus zwei mit Bogenbindern konstruierten – Hallenschiffe anzutreffen ist. Hier wurde im Anschluß an diese Hallen noch ein zweites Insel-Bahnsteiggebäude (für die Berlin-Potsdam-Magdeburger Eisenbahn) errichtet, das einen gesonderten Eingang vom Seitenhof her hatte. An das Inselgebäude anschließend, stand als letztes Glied der Anlage noch eine Halle. Sie war ebenfalls aus Eisen gefertigt, hatte eine Bogenbinder-Konstruktion mit Zugband, die sich innen auf die Mauer des Insel-Empfangsgebäudes und auf der gegenüberliegenden Seite auf eine Reihe von gußeisernen Säulen stützte.

Es ist hier nicht Raum genug, auf alle bedeutenden deutschen Bahnhofshallen einzuge-

Ansicht der Bahnsteiganlagen in Magdeburg aus der Zeit des Ersten Weltkrieges. Die mittlere kleine Verbindungshalle unterscheidet sich von der Zeichnung des ursprünglichen Zustandes. Am Gleis für den durchgehenden Verkehr steht ein Zug, bespannt mit einer preußischen Lokomotive der Baureihe S 3.

Magdeburg Centralbahnhof, 1874. Anstelle der beiden alten Bahnhöfe kam ein vereinter zustande, der jedoch durch einen Inselbau die im Bild rechts gelegenen Gleise für den Berlin-Verkehr separierte. Es wurden drei Hallenschiffe gebaut (mit je 22 bzw. 27 Meter Spannweite).

weite von 37,1 Meter auf, dem Empfangsgebäude entlang zieht sich eine den üblichen Durchgangsbahnhöfen ähnlich gestaltete Veranda als Bindeglied. Die beiden Hallen sind in einem Abstand von etwa 9,5 Meter voneinander errichtet, in diesem Abstand liegen auch zwei durchgehende Gleise ohne direkten Anschluß an einen Bahnsteig. Eine Querhalle, deren funktionelle Bedeutung hinter ihrer gestalterischen Zweckmäßigkeit etwas zurücksteht, hat die Höhe und etwa den Querschnitt der beiden Hallen. Die Reisenden erreichen – wie erwähnt – die Bahn-

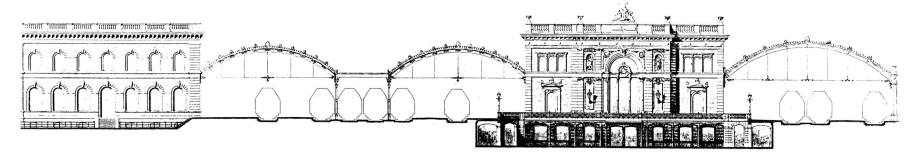

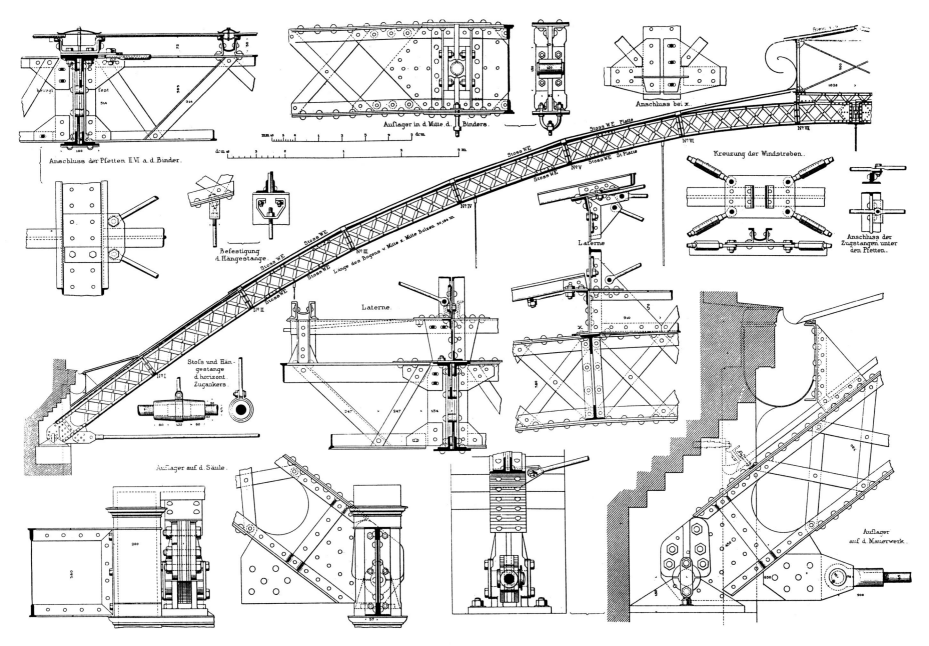

Anschluss der Pfetten II–VI a. d. Binder.

Auflager in d. Mitte d. Binders.

Anschluss bei x.

Kreuzung der Windstreben.

Anschluss der Zugstangen unter den Pfetten.

Befestigung d. Hängestange.

Laterne.

Laterne.

Stofs und Hängestange d. horizont. Zugankers.

Auflager auf d. Säule.

Auflager auf d. Mauerwerk.

Konstruktionsdetails der 1874 erbauten Hallen des Magdeburger Centralbahnhofes.

hen. Erwähnt seien dennoch wegen ihrer fortschrittlich schlanken Konstruktion die vierschiffige Bahnhofshalle in **Lübeck**

Hauptbahnhof, erbaut 1909, die auf hohen Stützen stehende und damit eine seltsame Raumwirkung erzielende Halle in **Kiel** mit ihren drei Hallenschiffen, errichtet bis 1908. Die Bahnsteighalle des neuen Bahnhofes in **Wiesbaden**, die an die Stelle der einzigen

Bahnhöfe der Rheinischen Bahn, der Taunus- und der Hessischen Ludwigsbahn trat, wurde mit ebenfalls schlanken Stahlelementen bereits in der Jahren 1904 bis 1906 errichtet. Eine ebenfalls schlanke Stahlkonstruktion weist der Hallenbau am **Breslauer**

59

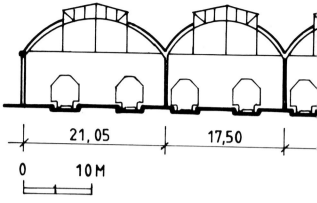

Wiesbaden Hauptbahnhof, 1904 bis 1906. Schnitt durch die fünfschiffige Halle.

Lübeck Hauptbahnhof, 1909. Leichte Fachwerk-Stahlkonstruktion der vierschiffigen Bahnhofshalle (wobei noch ein kleines schmales Hallenschiff, dazwischengesetzt, hinzukam).

Hauptbahnhof auf. In **Dortmund** baute man vor dem Ersten Weltkrieg den Hauptbahnhof, sein Bahnsteighallen-System wurde in mehrschiffiger Anordnung mit Dreigelenkbogen-Fachwerkbindern erstellt. Es war zu dieser Zeit üblich, die Hallendach-Innenflächen glatt auszubilden und in lichtem Ton zu halten. So ergab sich ein freundlicher und leicht wirkender Innenbau-Effekt.

Weitere interessante Hallenkonstruktionen wurden in Deutschland noch vielerorts errichtet. So auch in **Wuppertal**, in **Krefeld**,

Innenansicht der dreischiffigen Bahnhofshalle im Hauptbahnhof Kiel, 1900 bis 1908 errichtet. Die Bogenbinder überspannen je 18 Meter und stehen im Abstand von ungefähr acht Meter. Auf dem Bild sind die Oberlichter gut zu sehen. Die Aufnahme stammt aus der Zeit vor dem Ersten Weltkrieg.

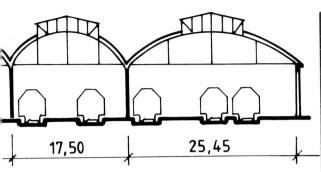

17,50   25,45

Zeitgenössische Innenansicht der 1904 bis 1906 erbauten Bahnsteighalle des neuen Wiesbadener Hauptbahnhofes. Man steht im westlichen Hallenschiff und kann die Bogenbinderkonstruktion (ohne Scheitelgelenk) sowie die Oberlichter gut beobachten.

Der Umbau des Dortmunder Hauptbahnhofes zeigt das 1910 errichtete erste Hallenschiff mit Dreigelenk-Bogenbinder. Das Fachwerk ist an der Stirnwand »verkleidet«.

Wiesbaden

später in **Mainz** (1939). In der Zwischenkriegszeit wurden auch megalomane Pläne geschmiedet, die Zentralbahnhöfe in Berlin und München sind ein Beispiel hierfür.

Nach dem Zweiten Weltkrieg sind außer den erwähnten Vollendungen bereits begonnener Bauten, der Wiederaufbautätigkeit sowie den vielfältigen Renovierungen auch zwei hervorragende neue Bahnhofshallen aus Stahl in Deutschland entstanden. Obwohl die Behandlung zeitgenössischer Hallenbauten eigentlich nicht in die Zielsetzung der vorliegenden Arbeit gehört, sind doch die Neubauten in München und Düsseldorf erwähnenswert. Der Neubau in **München Hauptbahnhof** mit seinen zweimal 70 Metern Spannweite und den großen V-förmigen Vollwand-Blechträgern, in Kombination mit den Oberlichtern, stellt eine phantasiereiche und schöne Lösung dar. Nicht weniger interes-

Dortmund

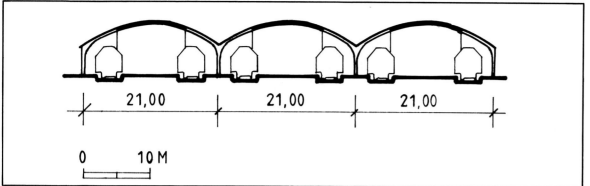

Bahnsteighalle Oldenburg, 1915. Architekt Mette-
gang; Querschnitt. Die sinnvolle Lösung – auch
anderswo seinerzeit schon angewandt – stellt die
Stützen zwischen die Gleise, der Bahnsteig bleibt
damit frei.

sant sind die vielen Vorschläge die der Ausführung vorausgegangen sind. Ein zweiter
bedeutender Hallenneubau entstand am
Hauptbahnhof **Düsseldorf**. Auch hier liegen
die Fensterbänder quer zu den Gleisen in der
Seitenwand von mächtigen Hochdächern, die
auf Y-förmigen Stützen stehen. Obwohl es
sich um eine völlig andere Tragkonstruktion
handelt, kann man doch feststellen – und die
Konstruktion in Karl-Marx-Stadt unterstützt
das noch –, daß die neuen, aus Stahl gebauten Bahnhofshallen mit ihren Tragkonstruk-
tionen ein quer zu den Gleisen liegendes
Faltwerk bilden oder wenigstens in dessen
Sinne konstruiert sind.
Für Tragwerkkonstruktionen aus Stahlrohr
gibt es in den Niederlanden schöne Beispiele. Zu nennen ist hier der Bahnhof in
Breda, in Österreich wurden sie für Bahnsteigdächer eingesetzt.
Die bereits vor dem Ersten Weltkrieg erbauten Bahnsteighallen in **Oldenburg** und
Darmstadt bieten sinnreiche Anordnungen,
wodurch die den Verkehr der Reisenden be-
hindernden Unterstützungen auf dem Bahnsteig vermieden werden konnten. Es handelt
sich dabei im eigentlichen Sinne um Über-
gänge zum Bahnsteigdach. Zum Abschluß
unserer Betrachtungen deutscher Bahnsteig-
hallen-Beispiele wenden wir uns deshalb
dem Hauptbahnhof in Darmstadt zu.
Der Main-Neckar-Bahnhof in **Darmstadt**, am
Endpunkt der 1846 nach Frankfurt eröffne-

ten Strecke gelegen, war ein Durchgangsbahnhof. Im Jahre 1861 erhielt er eine Halle,
die sich an das Empfangsgebäude anschloß
und zwei Gleise überspannte, ein weiteres
führte nebenan vorbei. Es war ein einfaches
Satteldach, auf gußeisernen Stützen mit Polonceau-Bindern und schmalen Pfetten für
die Dachschalung. Um den Rauchabzug zu
gewährleisten, war der Mittelteil angehoben.
Rechtwinklig zum Main-Neckar Bahnhof
stand der Hessische Ludwigsbahnhof gleich
nebenan. Da diese beiden Bahnhöfe den Verkehr des frühen 20. Jahrhunderts nicht mehr
bewältigen konnten, wurde in den Jahren
1910 bis 1912 der neue Darmstädter Bahnhof errichtet. Die große Zeit der städtischen
Bahnhofshallen war eigentlich schon vor-
über, die Anlagen mit Bahnsteigdächern er-
wiesen sich als kostengünstiger und den
Rauchgasen gegenüber unempfindlicher. In
Darmstadt wurde jedoch eine wirklich neue
Lösung gefunden: die große Bahnsteighalle
steht quer zu den Durchgangsgleisen, aus ihr
greifen vier Bogenbinder-Bahnsteigdächer
zu den Inselbahnsteigen, ihre Stützen stehen
auf einer schmalen Plattform zwischen den
Gleisen. Die Dachfläche hängt auf den
Bogenbindern, ist jedoch über den Gleisen
ausgespart, so daß es sich hinsichtlich der
Tragkonstruktion um eine mehrschiffige
Hallenanordnung, die Bahnsteigüberda-
chung betreffend jedoch um ein Bahnsteig-
dachsystem handelt. Auch die große Quer-

halle, im Zuge des Reisendenstromes die
Fortsetzung des Einganges bildend, ist funktionell neu und in ihrer technischen Anordnung perfekt. Es entsteht der Eindruck einer
leichten, modernen Konstruktion. Im Gegensatz zu der in mehreren anderen Bahnhöfen
anzutreffenden Anordnung der seitlich zu
den Bahnsteigen hinabführenden Treppen –
wie auch im heutigen Heidelberger Hauptbahnhof – liegen in Darmstadt die Treppen
innerhalb der Querbahnsteighalle, wodurch
sich in dieser ein geschäftiges Treiben ent-
wickeln kann. Deshalb scheint hier die Bezeichnung Bahnhofshalle berechtigt, bei den
späteren Varianten hingegen kann man eher
von Bahnsteigzugängen sprechen.

Bahnhofshallen in Wien

In **Wien** wurde – als erste Halle mit Eisen-
bindern – jene des Bahnhofes der Kaiserin-
Elisabeth-Bahn in den Jahren 1856 bis 1858
erbaut. Er wurde später einfach Westbahnhof genannt. Für die damalige Zeit war die
Spannweite von 27,2 Meter für die vier
Gleise fast schon bescheiden, die als Baustil
auserkorene Romantik fast schon etwas verspätet. Bis man mit dem Streckenbau bis
nach Salzburg gelangte, wurde dort schon im
Stil der Renaissance gebaut. Der Hallenkonstruktion zweckentsprechend zeigte sich in
Wien der Polonceau-Binder. Die Stirnwand
der Halle war mit Brettern verkleidet, eine in
Deutschland für Hallen mit Stahlbindern un-
gewöhnliche Bauart. Die stadtseitige Stirnwand schloß sich dem Verwaltungsbau an,
dieser und die Seitenbauten der Ankunft und

Abfahrt trugen die architektonischen Stilelemente.

Auf dem Gelände der Nordbahn-Endstation mußte in den Jahren 1858 bis 1865 ein schöner klassizistischer Bau nach kaum 20 Jahren Betrieb (er wurde 1839 erbaut) dem Neubau des Nordbahnhofes weichen. Dieser alte Nordbahnhof hatte interessanterweise ursprünglich keine Bahnhofshalle, nur Abstellhallen. Nun mußte für die damals sicher wichtigste Bahn Österreichs, die die Verbindung nach Schlesien, Galizien und der Bukowina, über Breslau auch nach Berlin gewährleistete, ein gebührender Bahnhof gebaut werden. Der neue Bau, den der württembergische Architekt Theodor Hoffmann – unter Mitarbeit von Franz Wilhelm, der dann alsbald zur Südbahn überwechselte – schuf, war ein das Wiener Stadtbild vorteilhaft belebender großer Bau im Stil der Romantik. Eigenartig war die mit ihm verbundene dreischiffige Bahnhofshalle. Das hohe, mit Satteldach gedeckte Mittelschiff von 22 Meter Stützweite beherbergte fünf Gleise, für jedes gab es beiderseitig eine eigene Torausfahrt. Daneben standen seitlich je ein kleines Hallenschiff von insgesamt fünf Meter Breite, das die Bahnsteige überspannte. Der westliche Bahnsteig stellte den Anschluß zum Empfangsgebäude her. Die Konstruktion der eisernen Halle bestand aus gußeisernen Säulen, die in kurzen Abständen angeordnet waren, auf ihnen ruhten vernietete Parallelgurt-Träger mit vernieteten Anschlüssen. Ihre Linienführung folgte der maurischen und gotischen Steinbaukunst, offenbar um dem beim Empfangsgebäude angewandten romantischen Stil zu folgen. Die Halle wirkte keineswegs großzügig, eher veraltet. Sie blieb trotz der beiderseitigen Stirnverglasungen dunkel. Das einfache Nebeneinander der fünf Gleise ohne Zwischenbahnsteige war schon damals überholt und vermittelte neben der Düsternis der Halle auch noch das Gefühl der Enge. Auf alle Fälle war diese Halle ein bautechnisches Kuriosum, was

Wien Südbahnhof. Neubau 1874 nach Entwürfen von Wilhelm Flattich und Mitarbeiter Franz Wilhelm. In der Baukomposition dominiert die Halle, deren Dach doppelte Polonceau-Binder mit der Spannweite von 35,7 Meter trugen. Die auf dem Bild gut sichtbaren Seitenbauten, aber auch der Eingangsvorbau, schmiegen sich vollkommen an den Hallenkörper.

auch in der Gleisanordnung zum Ausdruck kam: Der Bahnhof war nach erfolgtem Umbau, im Gegensatz zu seiner ursprünglichen Anlage, ein Durchgangsbahnhof, aber ein »ungleichmäßiger«, was nicht im Bau, um so mehr jedoch in der Gleisanlage zum Ausdruck kam. Hatte er in nördlicher Richtung ein Viertel von Alt-Österreich vor seinen Toren, schloß sich in der anderen Richtung nur eine Verbindungsbahn an, die städtebaulich mit kleinen Überwindungen von Hin-

dernissen stadteinwärts geführt werden konnte.

Auch die Staatseisenbahngesellschaft hatte Schwierigkeiten mit dem Aufbau ihrer Bahnhofshalle. Wegen der räumlichen Nähe zum Arsenal, der im maurisch-byzantinischen Stil gebauten Waffen- und Zeuganstalt der Armee, verbot man ihr die gewünschte Hallenhöhe. Deshalb mußte sie auf eine zweischiffige Anordnung mit beschränkter Scheitelhöhe zurückgreifen, ein Grund mehr, einen großzügigen Bahnhof anderswo an der Strecke aufzubauen: die Wahl fiel auf Budapest. Die gesamte Anlage des Staatsbahnhofes in Wien, 1867 bis 1870 errichtet, war moderner als alles je zuvor in der Kaiserstadt für die Eisenbahn gebaute. Es erübrigt sich zu erwähnen, daß eine Bahngesellschaft, in der französisches Kapital steckte, für ihre Bahnsteigdächer das Polonceau-Binder-System wählte. Die zwei Hallenschiffe hatten je

Innenansicht des Wiener Südbahnhofes, 1874. Eine aus Stein und Putz zusammengesetzte Neurenaissance-Architektur, in welche die halleninnere Stirnwand mustergültig einzezogen ist sowie der Polonceau-Binder-Dachstuhl aus Stahl verleihen dem Bau eine charakteristische Raumwirkung.

20,2 Meter Spannweite, überspannten je drei, insgesamt sechs Gleise.
Damit hob sich der Bahnhofsbau auch vom gegenüber stehenden einstigen Gloggnitzer Bahnhof ab, an dessen Stelle 1868 bis 1873 der Meister des österreichischen Eisenbahn-Hochbaues, Wilhelm Flattich (1826–1900), für die Österreichische Südbahn den neuen Südbahnhof errichtete. Dieser findet unser Interesse, weil er in seiner Gesamtkomposition den hallenartigen Baukörper seines Vorgängers beibehielt, aber vollkommen neu gestaltet wurde. Die neue Halle nahm sechs Gleise auf, sie hatte eine Stützweite von 35,7 Meter, wies auf den inneren Wandflä-

chen eine markante Renaissance-Architektur auf, die im Äußeren zwar wohl ausgewogen fortgesetzt war, doch etwas abgedämpft erschien. Die Stirnwand war aber sicherlich in schönstem Renaissance-Historismus gehalten. Die gleisfeldseitige Stirnwand bot ein Glas-Fünfeck von französischer Eleganz. Die Dachkonstruktion blieb beim zusammengesetzten Polonceau-Binder. Als wichtigstes Merkmal dieser Halle muß ihre schöne Raumwirkung erwähnt werden. Gute Proportionen, ausreichende Belichtung und angemessenes Dekor sorgten dafür.
Der **Nordwestbahnhof** war der größte unter den Wiener Bahnhöfen des vergangenen Jahrhunderts. Wieder beauftragte man einen deutschen Architekten mit dem Entwurf, die Wahl fiel auf W. Bäumer. In seiner Form, in den Maßen und der Konstruktion wich dieser Bau von den übrigen ab, seine Halle war 39 Meter breit und etwa 26 Meter hoch, er verfügte über verstrebte Fachwerkbinder in der Form von zwei einander in spitzem Winkel treffenden Halbsicheln. Seine Architektur

war nicht weniger schön ausgebildet als jene der Südbahn, obwohl er den geringsten Verkehr aufweisen konnte: die Österreichische Nordwestbahn war für den Güterverkehr von wesentlich größerer Bedeutung als für den Personenverkehr. Die Nordwestbahn-Halle dürfte eine der wenigen in Europa gewesen sein, die nicht ausgenutzt wurde.
Schließlich hat auch die **Franz-Josef-Bahn**, mit der man nach Prag und Karlsbad reiste und der damit im Leben der alten Donau-Monarchie eine wichtige Rolle zukam, auf ihrem Bahnhof in Wien in den Jahren 1869 bis 1872 eine Bahnhofshalle errichtet mit der wenig beachtlichen Spannweite von 28,5 Metern. Sie war mit Polonceau-Bindern überdacht. Die beiden großen, gleisfeldseitigen Hallenbogen waren ihr architektonisches Merkmal, vor der Halle stand auf der Stadtseite ein mächtiger Verwaltungsbau.
Alle sechs Wiener Bahnhofshallen fielen dem Zweiten Weltkrieg zum Opfer, so ist Wien heute ganz ohne Zeugen dieser großartigen Bautätigkeit. Die sorgfältig neu gebauten Bahnhöfe können mit ihren Bahnsteigdächern diese erhabenen Hallen-Raumwirkungen keinesfalls ersetzen. Wien gehört damit zu den wenigen europäischen Hauptstädten, die keine Bahnhofshalle aus dem vergangenen Jahrhundert mehr haben (selbst Berlin hat noch mit seinem »Hauptbahnhof« ein Andenken an den Schlesischen Bahnhof). In ganz Österreich ist keine Bahnhofshalle mehr geblieben, denn jene in Salzburg und die in Selztal gelten als Bahnsteigdach. Die Hallen von Prag und Krakau gehören seit 1918 zum Ausland, die schöne Triester Halle – inzwischen auch abgetragen – wurde Italien zugeschlagen.

Bahnhofshallen in der Schweiz

Es gibt nur wenige Bahnhofsgebäude, die von der allgemeinen Architekturgeschichte ihrer schönen Architektur oder ihres namhaften Architekten wegen verzeichnet wer-

Hauptbahnhof Zürich, 1869. Architekt J. F. Wanner. Stirnfassade mit der Hallenkontur auf der Limmatseite. Obwohl die Architektur ganz einzigartig und die Erscheinung der Halle recht bescheiden ist, konnte der Bahnhofscharakter betont werden.

den. Der **Züricher Hauptbahnhof**, gebaut in den Jahren 1865 bis 1871, gehört in diese Reihe. Nicht nur wegen der wirklich gelungenen Gestaltung nach den Plänen von Jakob Friedrich Wanner (1830–1903), sondern auch weil Gottfried Semper 1861 unter den vier Architekten war, die von der Nordostbahn zu einem internen Wettbewerb eingeladen wurden. »Für den endgültigen Entwurf hatte J. F. Wanner Motive oder Detailformen von ihm vorbildlich scheinenden Aufnahmegebäuden oder von den Wettbewerbsprojekten von 1861 entlehnt und damit eine qualitativ einmalige Lösung geschaffen.« Unter anderem stammt der Gedanke der sogenannten Thermenfenster von Semper. Es sind, den römischen Thermen ähnlich, in die Tonnengewölbe geschnittene Seitenlichter, die hier, die Stahlkonstruktion mit seitlichen Halbkreisflächen ergänzend, den Raum belichten. Die Hallenkonstruktion wurde von Professor Carl Culmann, dem weltberühmten Bauingenieur und Statiker, beaufsichtigt und 1868 bis 1869 montiert. Im Verlaufe der Arbeiten entschied man sich für eine gleisfeldseitige

Gleisfeldseitige Ansicht der Bahnhofshalle in Zürich Hauptbahnhof, noch vor dem 1929 bis 1933 erfolgten Ausbau der vorgelegten siebenschiffigen Halle. Über der großen Glasschürze zeichnet sich die Konstruktion des Fachwerkbinders aus Schweißeisen schön ab. Im Bild sind links die anläßlich der 1902 beendeten Erweiterung erstellten Bahnsteigdächer zu sehen. An den Bahnsteigen stehen SBB-Lokomotiven der Serien A 2/4 vor abfahrbereiten Zügen. Links in Doppeltraktion.

Hallenschürze. An der zur Limmat zeigenden Hauptfassade ergänzte ein bis heute bewahrter Vorbau die Halle. Die Halle war 43,3 Meter breit, 169 Meter lang und bestand aus flachen Bogenträgern mit Fachwerk. Schon in den Jahren 1897 bis 1902 erfolgte ein Umbau, bei dem die sechs Hallengleise zurückgezogen wurden. Die Bahnhofshalle erhielt nun die Funktion einer Schalterhalle. In den Jahren 1929 bis 1933 erfolgte noch ein tiefgreifenderer Umbau, es wurde eine niedrige, siebenschiffige Bahnhofshalle aus verschweißter Stahlkonstruktion – damals eine bedeutende Neuerung – mit relativ kleinen Hallenschiffen von 16 bis 18 Meter Spannweite vor die große Halle gesetzt, die einstige große Halle dient seitdem nur mehr als Vorbau. Die Änderung war in der Hauptsache städtebaulich bedingt, die Reisenden konnten danach leichter zum Bahnhofsplatz und zur Bahnhofstraße gelangen, die, eine Eigentümlichkeit von Zürich, seitlich angeordnet sind.

Freistehende Bahnhofshalle aus Stahlfachwerk in Lausanne. 1913 bis 1916; Querschnitt.

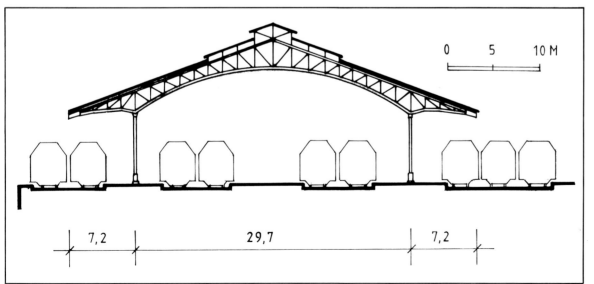

Die in der Schweiz anfangs zahlreich gebauten schönen Holzhallen wurden mit dem zunehmenden Eisenbahnverkehr ebenfalls allmählich umgebaut. In **Olten** setzte man eine ansprechende Halle mit zwei flachbögigen Tonnen auf schlanke gußeiserne Säulen. Die beiden **Baseler** Bahnhöfe erhielten vor dem Ersten Weltkrieg ihre neuen Bahnsteighallen. 1912 wurde am **Badischen Bahnhof** eine fünfschiffige Anordnung mit 20 bzw. 24 Meter Spannweite errichtet, bereits 1905 ließen die SBB – als ersten ihrer großen neuen Bahnhofsbauten – den heute **Basel SBB** genannten Bahnhof mit einer ebenfalls fünfschiffigen Halle neu erstehen. **Lausanne** erhielt eine vor dem Empfangsgebäude als unabhängiger Bau stehende Halle auf zweistieliger Säulenreihe mit beiderseitigen Auskragungen, so daß von drei Bahnsteigen sechs Gleise bedient werden konnten und der mittlere stützenfrei war. Nachdem die alte Holzhalle in **Genf** abgebrannt war, wurde die neue Anlage 1934 bereits mit Bahnsteigdächern gelöst. In der weiteren Folge war dann die Schweiz im Bau von Bahnsteigdächern maßgebend und richtungweisend, auch die Erweiterung des **Züricher**

Hauptbahnhofes deutete in diese Richtung. Damit war das Zeitalter des Hallenbaues vorerst abgeschlossen. Die Neugestaltung des **Berner Hauptbahnhofes**, mit einer Überdachung der Gleise und Bahnsteige durch eine Stahlbetondecke, ist im Eisenbahn-Hochbau bereits ein neues Kapitel, die städtebauliche Lösung war dabei ausschlaggebend.

Bahnhofshallen in Budapest

Die Ungarische Centralbahn ließ nach der im Jahre 1846 erfolgten Eröffnung ihres ersten Streckenabschnittes von Waitzen nach Pest – der einen Teil der am linken Ufer der Donau gelegenen Verbindung von Wien nach Pest bildete – in Pest ein imposantes Bahnhofsgebäude errichten. Im Grunde genommen handelte es sich um eine Halle mit einigen Anbauten. Der kaiserliche Baumeister Wilhelm P. E. Sprenger (1798–1854) aus Wien entwarf es in schönem, klassizistischem Stil. Das Gebäude, also die Halle, war 27 Meter breit und 142 Meter lang und besaß ein Satteldach mit Polonceau-Bindern. Die in der Halle liegenden fünf Gleise wurden von den fünf Bögen der Stirnwand unterstrichen. Am mächtigen Baukörper der Halle standen seitlich, symmetrisch zueinander, bescheidene Anbauten für die Abreisenden und die Ankommenden.

Nach kaum 30 Jahren kam es zu einer großzügigen Stadtregulierung der seit 1873 vereinten und Budapest genannten Hauptstadt des Königreichs Ungarn, die Centralbahn wurde inzwischen von der k.k. Staatseisenbahn-Gesellschaft übernommen. Der Baudirektor August de Serres fertigte die Vorentwürfe für ein das kapitalstarke Unternehmen repräsentierende Bahnhofsgebäude an, sie wurden vom Pariser Büro des Alexandre Gustave Eiffel weitergeführt, auf deren Basis der Bau in den Jahren 1874 bis 1877 erfolgte. Der ab 1892 Budapest Westbahnhof genannte Bau besitzt als Kern eine Halle mit

Budapest Westbahnhof, 1874 bis 1877 erbaut, vor kurzem rekonstruiert. Die von Eiffel berechnete Halle dominiert im Baukörper und beherrscht auch die Fassade zur Ringstraße. Der im Bild links sichtbare Bau wurde glücklicherweise abgetragen, die Ankunftsseite ist damit freigelegt. Die Architektur zeigt französische Eleganz, sie ist dem Baudirektor der Österreichisch-Ungarischen Staatseisenbahngesellschaft, Auguste de Serres, zuzusprechen.

42 Meter Stützweite, ist 150 Meter lang, und hat an beiden Enden große, verglaste Stirnwände. Die südliche erscheint im Straßenbild der Ringstraße und mutet mit ihrer fünfeckigen Form sehr französisch an. Französisch ist auch die Polonceau-Binder-Konstruktion und der Backsteinbelag der anschließenden historisierenden Fassaden.

Der Bau hat großen architekturhistorischen Wert, nicht nur weil er unter die wenigen in der Welt noch bestehenden Schöpfungen des Büros von Eiffel gehört, sondern weil er wegen seiner voll in das Stadtbild integrierten Hallenstirn unter die schönsten Bahnhöfe eingereiht werden kann. Ab 1977 wurde er als Baudenkmal restauriert. Die Raumwirkung ist ganz erheblich, besonders wenn man bei der Ankunft vom Bahnsteig aus zur Stadt blickt und die infolge der hervorragenden Hallenkonstruktion zum Ausdruck kommende Verbundenheit des Eisenbahnverkehrs mit dem Stadtverkehr wahrnimmt. Anläßlich der Restaurierung wurde der

Budapest Ostbahnhof, ursprünglich Zentralbahnhof der MAV, 1884 dem Betrieb übergeben. Architekt Gy. Rochlitz, Konstrukteur der Halle J. Feketeházy. Die sich der Stadt zuwendende Architektur stützt sich logisch und schön auf den Baukörper der Bahnsteighalle.

Bahnhof dem städtischen U-Bahn-Netz angepaßt, auch wurden neue Bahnsteige außerhalb der Halle angelegt, gleichzeitig die frühere und ursprüngliche Anzahl von fünf Hallengleisen auf vier beschränkt.

Der Ostbahnhof in Budapest, einst als Zentralbahnhof der MAV bezeichnet, wurde etwas später – 1881 bis 1884 – errichtet. Er erhielt eine vom ungarischen Ingenieur J. Feketeházy (1842–1927) entworfene Halle, deren tonnenartiges Gewölbe mit ebenfalls 42 Metern Stützweite und 7500 m^2 Grundfläche von parabelförmigen Dreieckbindern getragen wird. Besonderes Verdienst auch dieses Baues ist das Erscheinen der Halle an der Hauptfassade, dieses Motiv hat Ähnlichkeit mit dem Berliner Lehrter Bahnhof, der Architekt Gy. Rochlitz (1827–1886) muß dieses Muster gekannt haben. Der Budapester Ostbahnhof steht seit mehr als einhundert Jahren im Dienst des Verkehrs. Kriegsschäden und ihre Beseitigung, mehrere Umbauten und Modernisierungen haben kaum etwas an seiner Substanz geändert.

3. Das Bahnsteigdach

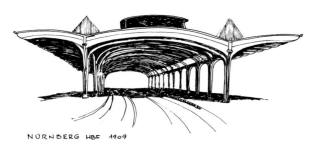

NÜRNBERG HBF 1909

Im Gegensatz zur Bahnhofshalle – manchmal auch Bahnsteighalle genannt – die die Bahnsteigflächen zusammen mit den Gleisen überdacht, beschränkt sich das Bahnsteigdach auf den Wetterschutz der Reisenden, es deckt den Bahnsteig. Die Bahnsteigdächer sind eine sparsamere Anordnung als die großen Hallen es waren und schon seit etwa einhundert Jahren allgemein verbreitet.

Mit dem Bahnsteigdach ist man in der Lage, sich der Größenordnung des Bahnhofes gut anzupassen. An Bahnhöfen mit geringem Verkehrsaufkommen schließt es sich an das Empfangsgebäude an und deckt den Hausbahnsteig (so genannt, weil er unmittelbar vor dem Empfangsgebäude liegt). Es handelt sich zumeist um verandaartige Anbauten. Bei größeren Bahnhöfen überdacht es einen oder mehrere Inselbahnsteige. Dies war schon zu jener Zeit üblich, als die Bahnsteige noch nicht mit Unterführungen oder Überbrückungen, also mit »schienefreien« Zugangswegen zu erreichen waren. Als dies aber allgemein der Fall wurde, sind die Bahnsteigdächer Elemente einer umfassenderen architektonischen Komposition geworden und bilden infolge der Zugänge nicht nur in der Funktion, sondern auch im Bahnhofsbild ein einheitliches System. Im Falle von Kopf-

bahnhöfen sind sie als Überdachung der Zungenbahnsteige mit dem Querbahnsteig zusammengefaßt.

Das Bahnsteigdach hat alle Phasen in der Entwicklung der Baukonstruktionen durchgemacht. Bereits in der Anfangszeit zimmerte man Bahnsteigdächer, stellte sie auf Inselbahnsteige oder lehnte sie an die Empfangsgebäude an. Vielerorts errichtete man diese Dächer, nachdem man einige Jahre Erfahrung im Eisenbahnverkehr gesammelt hatte, erst nachträglich zum Schutz der Reisenden. Es existiert eine alte Zeichnung des Rheinischen Bahnhofes in Aachen, nach der man darauf schließen kann, daß es in der Anfangszeit des Eisenbahn-Hochbaues auch Hausbahnsteige mit Markisenüberdachung für den Wetterschutz gegeben hat, so wie dies vor den Schaufenstern in Einkaufsstraßen üblich ist. Anläßlich der Ankunft der Königin Victoria im Jahre 1845 in Aachen hatte man über dem Hausbahnsteig sicherlich solch eine Überdachung angebracht.

Zur ersten klassischen Epoche des Bahnsteigdaches ist aber unbestritten die Zeit der Stahlkonstruktionen geworden: es hat sich

Die Entwicklung des Bahnsteigdaches: a) Dachstuhl auf Stützen an der Bahnsteigkante; b) Dachstuhl auf von der Bahnsteigkante zurückgezogenen Stützen; c) »zweistieliges« Bahnsteigdach, vornehmlich aus Stahl montiert, mit innerem Regenwasserablauf; d) »einstieliges« Bahnsteigdach mit Stützen in der Mittellinie, zumeist in Stahl oder Stahlbeton gebaut; e) Bahnsteigdach als Hängekonstruktion, auch mit weitem Stützenabstand für die dazwischen angeordneten Treppen.

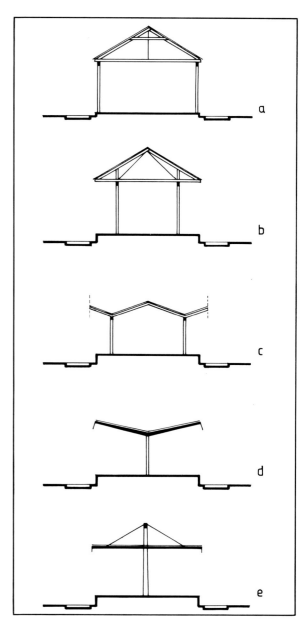

a

b

c

d

e

Oben: Der Rheinische Bahnhof in Aachen erwartet die Königin Victoria aus England im August 1845, auf ihrer Fahrt mit dem Prinzgemahl Albert nach Coburg. Der Hausbahnsteig ist mit einer Leinenmarkise gedeckt. (Archiv Stadt Aachen)

Links oben: Auf dem Gemälde von Franz Jäde ist der erhöhte Bahnsteig des Weimarer Bahnhofes von 1846 mit seinem Dach abgebildet. Man kann nur schwer auf die Konstruktion schließen, es muß sich aber um ein Holzdach gehandelt haben. Die Reisenden besteigen soeben einen abfahrenden Zug. Links ist ein Wagenschuppen zu sehen. (Archiv des Stadtmuseums Weimar)

Links: Die Emschertalbahn dürfte 1875 anläßlich der Eröffnung ihres Streckenabschnittes Sterkrade – Ruhrort den abgebildeten Bahnhof Meiderich in Betrieb genommen haben. Vor dem Empfangsgebäude, aber unabhängig davon, stand ein aus Holz gezimmertes Bahnsteigdach.

Rechts oben: Über den Hausbahnsteig von Anklam – dessen Empfangsgebäude noch die Berlin-Stettiner Eisenbahn 1863 errichten ließ – baute man offensichtlich nachträglich ein Bahnsteigdach mit Oberlichtern. Diese Bauart wurde bei den Preußischen Bahnen verbreitet angewandt. Um das Abtropfen des Regenwassers bei der nach außen geneigten Dachform zu verhüten, brachte man eine Dachrinne an, deren vier Abflußrohre im Bild gut zu sehen sind.

Rechts: Dem Bahnhofsgebäude Herbesthal wurde – dem Grenzverkehr entsprechend – ein gebührender Hausbahnsteig mit etwa acht Meter Breite vorgesetzt, das Bahnsteigdach stützte sich auf gußeiserne Säulen und auf diese verbindende Fachwerkträger. Das Dach kragte weit aus, die Regenwasserableitung erfolgte in den Säulen; Aufnahme vor 1908.

Gruss vom Bahnhof Dobrilugk-Kirchhain

Oben: Fachwerk-Bahnsteigdach in Schmetterlingsform aus Stahl, im Bahnhof Amstetten an der Österreichischen Westbahn um 1900 errichtet. Auf dem Hausbahnsteig ist der große Abstand der Stützen gut zu sehen.

Oben links: Am Bahnhof Doberlug-Kirchhain, von der Berlin-Dresdener Eisenbahn (1875) erbaut, erhielt das Bahnhofsgebäude um 1910 eine Hausbahnsteig-Überdachung mit Profilträgern aus Stahl, Holzpfetten und Blech. Es war damals eine moderne architektonische Ergänzung.

Links: Zweiteiliges Bahnsteigdach auf gußeisernen Säulen und Bindern mit Holzverschalung am Bahnhof Bentschen. Er wurde 1870 von der Märkisch-Posener Eisenbahn errichtet, das Bahnsteigdach aber dürfte von der KPEV errichtet worden sein, nachdem sie 1882 den Betrieb übernommen hatte. Im Anschluß an das Bahnsteigdach ist ein Bahnsteig-Wartesaal zu sehen.

Oben: »Einstieliges« Bahnsteigdach aus Stahl mit vernieteten Anschlüssen im Bahnhof Allenstein. Auf den Profileisen-Pfetten liegt ein gezimmertes Sparrendach mit Bretterverschalung. Man sieht, wie das Stützensystem beim Treppenaufgang in die zweistielige Anordnung wechseln muß. Das Dach entsprach den KPEV-Normen.

In der österreichisch-ungarischen Monarchie besaß die Kaiser-Ferdinand-Nordbahn bautechnisch eine führende Stellung. Sie ließ 1888 am Bahnhof Prerau unter Leitung ihres Ingenieurs Ast zwei Inselbahnsteige und den Hausbahnsteig durch eine Unterführung verbinden und mit eisernen Bahnsteigdächern versehen. Die Aufnahme stammt von etwa 1898. Die im Vordergrund sichtbare Brücke ist vom Bahnsteigsystem unabhängig.

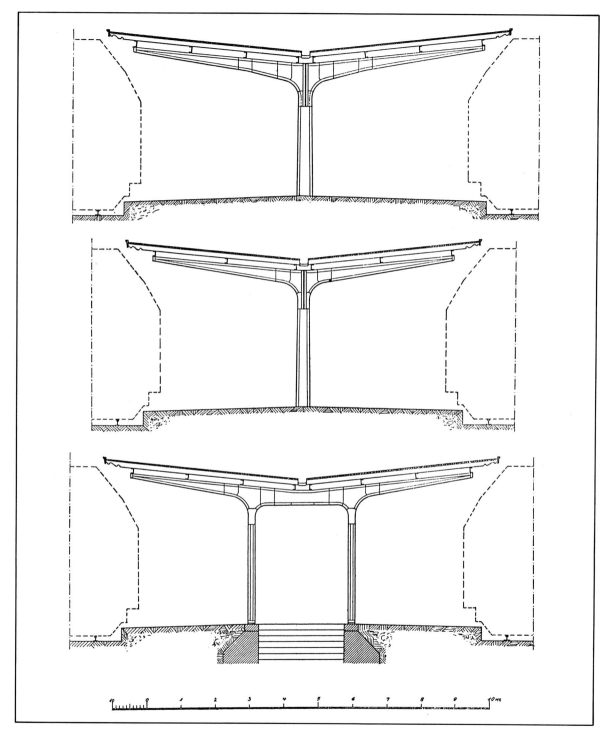

an den bedeutenden Durchgangsbahnhöfen entwickelt. Der Eisenbahnverkehr nahm nämlich um 1870 dermaßen zu, daß man den Zutritt der Reisenden zu ihren Zügen an diesen bedeutenden Stadtbahnhöfen und Eisenbahnknotenpunkten nur mehr mit Hilfe von Unterführungen oder Überbrückungen sicher und rasch bewältigen konnte. Daß das Aufkommen der solcherart erreichbaren Inselbahnsteige mit einer bezeichnenden – und bereits behandelten – Entwicklung des Stahlbaues zeitlich übereinstimmte, ließ die Entwicklung der Bahnsteigdächer zügig voranschreiten. An vielen Orten ging man nun auch bei den Hausbahnsteigen zum Stahlbau über. Er bot mit schlanken gußeisernen Säulen und zumeist Profileisen-Gelenkträgern – anstelle derer wurden manchmal auch Fachwerk- oder Gitterträger verwendet – eine dem Holzbau gegenüber vorteilhaftere Anordnung, mit größerem Abstand zwischen den Stützen und mit Dachauskragungen, was zur Folge hatte, daß man die Säulen von der Bahnsteigkante zurückziehen konnte. Dies bot den Reisenden eine bessere Übersicht über den Eisenbahnverkehr. Auf den Inselbahnsteigen standen die Bahnsteigdächer meist auf einer Reihe von Doppelstützen, mit einem sanft geneigte Satteldach oder einem W-förmigen Dach. In der Zeit von dem Ersten Weltkrieg verbreiteten sich dann die einstieligen Bahnsteigdächer, die auf einer Mittelstützenreihe ruhten. Man ging damit von gußeisernen Säulen auf die Stützen aus Profileisen über, die Anschlüsse wurden damals noch allgemein vernietet. Erst in der Zwischenkriegszeit hat man mit den verschweißten Stahlkonstruktionen auch den Bahnsteigdächern ein neues Aussehen verliehen.

Bereits um 1910 erschienen im Eisenbahn-Dachbau die Stahlbeton-Konstruktionen, sie

Schnitt durch die Bahnsteigdächer, die von 1902 ab den KPEV-Baunormen entsprachen.

Das Bahnsteigdach-System im Nürnberger Hauptbahnhof. Erbaut 1907 bis 1909 von der Dyckerhoff & Widmann AG.

verbreiteten sich aber erst nach dem Ersten Weltkrieg. Zuerst verwendete man auch dieses neue Material zur Errichtung von zweistieligen Bahnsteigdächern, ähnlich jener Form, wie sie aus dem Stahlbau bekannt war. Bald schon folgten die einstieligen, sogenannten Schmetterlingsdächer. Bahnbrechend waren die 1907 bis 1909 im Nürnberger Hauptbahnhof anläßlich der großen Umbauarbeiten errichteten Bahnsteigdächer aus Stahlbeton, sie wurden von der im Betonbau federführenden Firma Dyckerhoff & Widmann ausgeführt. Die ersten 12 Gleise wurden von drei selbständigen Bahnsteighallen überdacht, in ihrer Form waren sie mächtigen Bahnsteigdächern ähnlich. Dann folgten vier einstielige Bahnsteigdächer, ebenfalls aus Stahlbeton, zur Bedienung von je zwei Gleisen. Ein kleineres Stahlbetondach deckte den Hausbahnsteig. Die Dächer waren über 160 Meter lang und ihre Stützweite in Längsrichtung betrug für die damalige Betontechnik beachtliche 10,7 Meter. Es ist interessant, daß die Nürnberger Bahnsteigdächer noch 20 Jahre später den Bau im ungarischen Bahnhof Székesfehérvár (Stuhlweißenburg) stark beeinflußte, der Weltkrieg bedeutete in der Entwicklung der Betontechnik eben eine bedauernswerte Unterbrechung. Der Stahlbeton bot die Möglichkeit zum Bau von gebogenen Dachflä-

Einstielige Bahnsteigdächer der DSA (früher Südbahn) in Székesfehérvár (Stuhlweißenburg), erbaut 1930. Das Dyckerhoff & Widmann-System ist offensichtlich, das Dachsystem ähnelt dem 20 Jahre früher erbauten im Hauptbahnhof Nürnberg.

Der wegen seiner kühnen und formschönen Stahlbetonkonstruktionen berühmte italienische Inge-
nieur-Architekt Pier Luigi Nervi (1891–1979)
schuf im Innsbrucker Hauptbahnhof eine als »Fer-
rozement« bezeichnete Experimentalkonstruktion
mit dem im Bild rechts stehenden Bahnsteigdach,
es war eine im Vergleich zu den üblichen Stahlbetonkonstruktionen leichtere und wirtschaftlichere
Bauart; Baujahr 1959.

chen und phantasiereichen Formkombina-
tionen. Es gibt viele architektonisch gesehen
elegante Lösungen schon aus der Zwischenkriegszeit, besonders aber aus den fünfziger
und sechziger Jahren unseres Jahrhunderts.

Es sei hier noch bemerkt, daß der Hausbahnsteig in der Anfangszeit oft den Reisenden
für Züge aus beiden Richtungen Schutz bot,
da die Gleisanlagen das Einfahren der Züge
aus beiden Richtungen zum Hausbahnsteig
gestatteten, indem bei der Gebäudemitte verbindende Weichen eingebaut waren. So
konnten auch gleichzeitig zwei Züge am ersten Gleis und am Hausbahnsteig stehen.

Man war bestrebt, die Bahnsteigdächer der
Durchgangsbahnhöfe an die sich anschließenden Bauten gut anzupassen. Dies war besonders im Falle von Überbrückungen recht
schwer, es sind viele plumpe Anordnungen
und nur wenige gut gelungene Beispiele bekannt. In die Kategorie der letzteren gehört
zweifellos der 1955 errichtete neue Heidelberger Bahnhof. Besonders beim Anschluß
der Treppen von Unterführungen gab es im

Ein räumliches Stabwerk trägt das Dach im Bahnhof Sopron der GySEV/ROeEE, wo 1978 nach dem
Entwurf des Architekten Gy. Szántó zum neuen
Bahnhof ein Bahnsteigdach entwickelt wurde, welches sich der gleiskrümmungsbedingten und ver-
schmälernden Bahnsteigform anpaßt.

Falle der sich immer stärker bewährenden einstieligen Anordnungen, unabhängig ob sie aus Stahl oder Stahlbeton errichtet waren, Schwierigkeiten. Die einstieligen Bahnsteigdächer boten für den reibungslosen Publikumsverkehr mit völlig freien Bahnsteigkanten einen ausschlaggebenden Vorteil, im Bereich der Treppen mußte man aber auf die »zweistielige« Unterstützung zurückgreifen, was die Übersicht und die architektonische Eleganz nachteilig beeinflußte. Dies auszuschalten, ging man auf Bahnsteigdächer mit weitgespannten Längsträger über: Winterthur Grüze wurde 1950 als eine der ersten dieser Anordnung gebaut, noch dazu in einer sanften Krümmung, um sich den Gleisen anzupassen. Bei 33 Metern Abstand zwischen den Stützen bietet sich etwa die Möglichkeit des Einlegens von zwei Treppenarmen. Bahnsteigdächer mit so weit gespannten Längsträgern können vorteilhaft mit Hängewerken erbaut werden, die Leichtbauweise aus Stahl und Kunststoff eignet sich daher besser für moderne Anordnungen als Stahlbeton.

Schon kurz nach seiner Patentierung im Jahre 1905 wurde der geleimte Brettschichtträger von Hetzer auch für ein Bahnsteigdach verwendet. Wie mehrere neue Beispiele davon zeugen, hat der Holzbau für moderne Bahnsteigdächer sicher noch eine Zukunft.

Das Bahnsteigdach hat auch bei Güterhallen, Güterschuppen und Industriegleis-Anschlüssen eine bedeutende Rolle gespielt, es hat sich sozusagen von Anfang an auch hier entwickelt. Die Ladeflächen der Güterabfertigung werden auf Bahnsteigen aber in der Regel von Auskragungen des Dachstuhles geschützt, der Hausbahnsteig der Empfangsgebäude hingegen mit einer ebenerdigen Veranda, über deren Dach sich die Fenster der Bahnhofsbewohner zum Bahnhofsgelände öffnen. Auch bei den dem Güterverkehr dienenden Bahnsteigdächern gibt es Konstruktionen aus Holz und Stahl sowie aus Stahlbeton.

1978 bauten die Österreichischen Bundesbahnen vielerorts Bahnsteigdächer mit einer in Form und Farbe modernen Komposition. Da dies angeblich beim Publikum nicht gut ankam, sah man von weiteren ähnlichen Bauten ab. (Foto: ÖBB)

Bahnsteigdach einer aus Holz gebauten Güterumladestelle der KPEV. Ladebühnen, Gehsteige und das Hallendach ergeben eine einheitliche Konstruktion und gewährleisten daher auch einen einheitlichen Eindruck. (C. Schwab: Hochbauten der Bahnhöfe)

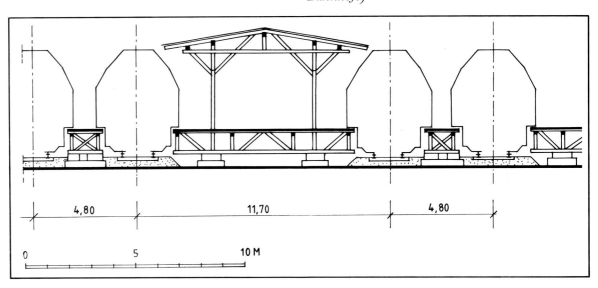

4. Der Lokomotivschuppen

BOCHUM-LANGENDREER

Die alten Betriebswerke der Dampflokomotiven

Die »Seele« des Eisenbahnbetriebes war und blieb die Lokomotive. Von Beginn an bis spät in die zweite Hälfte des 20. Jahrhunderts war es die Dampflokomotive. Ihrer Wartung und

Lokomotivschuppen am Bahnhof Weimar, erbaut 1846. Im Anschluß daran links eine kleine Werkstatt und das Beamtenwohnhaus. Man beachte das zweiflügelige Bogentor. Aquarell von Franz Jäde (Stadtmuseum Weimar).

Abstellung, ihrer Auffüllung mit Vorräten und Durchführung kleinerer Ausbesserungen dienen die Betriebswerke. Um welche Dimensionen es sich bei dem dazu notwendigen Bauvolumen handelte, verdeutlichen die folgenden Zahlen: die Reichsbahn hatte in den dreißiger Jahren etwa 25000 Lokomotiven, jede von ihnen beanspruchte etwa den umbauten Raum einer Vier-Zimmer-Wohnung, wenn nicht mehr. Dies entspricht in etwa dem Gebäudevolumen einer Stadt von 100000 Einwohnern. Schon seit der Jahrhundertwende reihten sich elektrische, nach dem Zweiten Weltkrieg auch die Diesellokomotiven in den Bestand ein und verdrängten die Dampftraktion. Obwohl auch für sie die Funktionsreihe »abstellen – warten – auffüllen – ausbessern« Gültigkeit hat, sind die Ansprüche doch sehr unterschiedlich. Dennoch mußte man vielerorts die alten Dampflokschuppen übernehmen. Entsprechend der Zielsetzung der geschichtlichen Betrachtung, befassen wir uns hier in erster Linie mit den Dampflokomotivschuppen.

Bei der Gestaltung der Lokomotivschuppen war die Form des Grundrisses ausschlaggebend. Es gab Rechteck-, Ring- und Kreisschuppen. Die Lokomotiven fuhren über Weichen auf ihre Stellplätze im Rechteckschuppen, über Drehscheiben in den Ring-

78

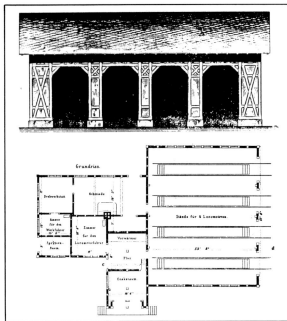

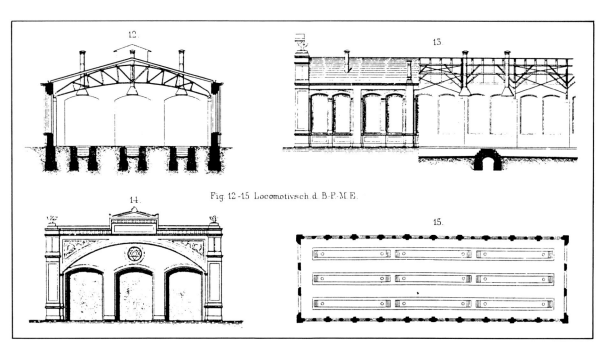

Fig. 12–15 Locomotivsch. d. B.-P.-M. E.

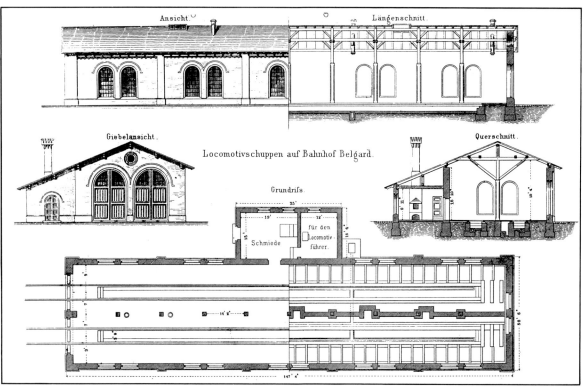

Locomotivschuppen auf Bahnhof Belgard.

Oben: Lokomotivschuppen der Hannoverschen Staatsbahnen in Harburg, errichtet 1847. Er bot für vier Lokomotiven Stände nebeneinander. Dies ist eine Anordnung aus dem frühen Eisenbahnbau, die später nicht mehr angewandt wurde. Im Anbau gab es eine kleine Werkstatt und Räumlichkeiten für das Personal.

Rechts oben: Rechteckschuppen der Berlin-Potsdam-Magdeburger Eisenbahn im Centralbahnhof in Magdeburg. Auf drei Gleisen konnten je drei Lokomotiven von etwa acht Meter Länge aufgestellt werden. Das Dach wurde von Segment-Bogenbindern aus Eisen getragen. Jeder Lokomotivstand hatte beiderseitige Rauchabzüge. (Aus der Zeitschrift für das Bauwesen, 1879)

Rechts: Rechteckiger Lokomotivschuppen der Hinterpommerschen Eisenbahn in Belgard, erbaut 1859. Die runden Fenster deuten noch auf den seinerzeit herrschenden Architekturstil, die Romantik. Der Schuppen beherbergt vier Lokomotiven. Er hat für die unbedeutende innere Breite von etwa neun Metern noch eine Mittelstütze, wodurch der einfache Dachstuhl gerechtfertigt ist. (Aus der Zeitschrift für das Bauwesen, 1864)

schuppen. Im Kreisschuppen lag die Drehscheibe zur Verteilung der anfahrenden Lokomotiven im Mittelpunkt des Baues. Bei großen Anlagen bediente man sich für Rechteckschuppen und Hallen auch der Hilfe von Schiebebühnen.

Diese Grundtypen der Lokomotivschuppen und Lokomotivhallen sind für die gesamte Zeit des Dampfbetriebes gültig geblieben, auch wenn sich ihre Größe, konstruktive Ausbildung und Ausrüstung ständig vervollkommnete.

Die Verwendung der Lokomotivstände in einem Dampflokschuppen wird laut Koehler und List wie folgt zusammengefaßt: im Betriebsteil des Schuppens dienen die Stände für

– die technischen Vorbereitungs- und Abschlußarbeiten;
– die Reinigung;
– die Unterflur-Radsatzbearbeitung;
– das Abwaschen;
– das Abstellen;
  im Werkstatt-Teil des Schuppens für
– die planmäßige Unterhaltung;
– die Hebearbeiten.

Dabei gibt es außerdem Stände für die Schadmaschinen.

Ein Bahnhofsbild aus den achtziger Jahren des vorigen Jahrhunderts. Der Lokomotivschuppen in Massivbauweise für neun Lokomotiven beherrscht den Anblick vom Empfangsgebäude aus. Wandpfeiler, Rundfenster, von Quadern umsäumte Tore deuten auf den Anspruch einer Baukunst. Rechts im Bild der Güterschuppen, dahinter ein Stellwerk. (Das Bild ist einem Foto des Eisenbahnfreundes Amand Freiherr von Schweiger-Lerchenfeld nachgezeichnet worden und dürfte einen Bahnhof in Österreich wiedergeben.)

Zweigleisiger Rechteckschuppen der Niederösterreichischen Südwestbahn in Hainfeld. Im Vordergrund der Gesamtansicht des Ortes steht der Lokschuppen, seine Umgebung beherrschend.

Der Rechteckschuppen. In den Rechteckschuppen führen parallel zueinander liegende Gleise. Sind es ihrer mehr als drei, benötigt das Vorfeld wegen der Weichenharfe viel Platz (nur in den ersten Jahren des Eisenbahnbetriebes fuhren Lokomotiven über Drehscheiben in einen Rechteckschuppen). Die Lokomotiven gelangen über die Stirnseite des Gebäudes zu ihren Stellplätzen, der alte Fachwerkbau in Harburg dürfte diesbezüglich eine kuriose Ausnahme der Anfangszeit gewesen sein. Der alte Lokomotivschuppen in Belgard vertritt den Typ mit einseitiger Zufahrt, oft gab es aber Durchfahrtsmöglichkeiten. War dies der Fall konnten bis zu vier Lokomotiven hintereinander aufgestellt werden, weil sie ohne schwieri-

gere Rangiermanöver zum Dienst fahren konnten.

An den Endpunkten von Lokalbahnen oder an den Bahnhöfen mit nur einer Rangierlokomotive gab es kleine Schuppen mit nur wenigen Ständen, dies war eine typische Bauweise in der Zeit von 1880 bis zum Ersten Weltkrieg. Auch für Neben- und Schmalspurbahnen waren die Rechteckschuppen charakteristisch.

Seinerzeit hatte jede bedeutende Bahnverwaltung – in erster Linie die großen deutschen Länderbahnen – ihre Hochbau-Normalien für alle Zweckbauten entwickelt, darunter selbstverständlich auch für die Lokomotivschuppen. In den Normen der Ungarischen Staatseisenbahnen für Hauptbahnen aus dem Jahre 1881 gab es ein-, zwei-, drei- und viergleisige »Locomotiv-Remisen«. Jeder Stand hatte eine Länge von 15,6 Meter. Die Gleise waren immer durchgehend und die Lokomotivstände von beiden Schuppenenden her zu erreichen.

Der Gleisabstand betrug 4,75 Meter, die Gleise waren ohne innere Gebäudestützen hallenartig überdacht. Nachdem der Eisenbahnverkehr stark zugenommen hatte, wurden an einigen bedeutenden Knotenpunkten die Lokomotivschuppen verdoppelt, man stellte zwei Hallen mit bis zu sechs Gleisen nebeneinander. Ähnliche typische Bauten wurden auch seitens der k.k. Österreichischen Staatsbahn entwickelt und gebaut.

Für größere Betriebswerke entschied man sich in der Regel zum Bau von Lokomotivschuppen – man kann in diesem Fall wohl eher von Lokomotivhallen sprechen – bei denen die Zufahrt durch eine Schiebebühne gewährleistet wurde. Eine solche Anlage errichtete man in Stuttgart, sie hat sich – stark verändert – bis in unsere Tage erhalten. Die ursprüngliche Halle war eine ausgeklügelte, kombinierte Anordnung, da teilweise eine unmittelbare Zufahrt zu den Ständen möglich war und vorzugsweise die Ausbesserungsstände durch die Schiebebühne be-

Aus Holz gezimmerter Rechteckschuppen an der ehemaligen Ungarischen Westbahn in Pápa, Bauzustand 1977. Es sind drei Loks der MÁV-Reihe 324 zu sehen.

Rechteckschuppen für schmalspurige Lokomotiven in Mauerwerk mit Satteldach.

81

dient wurden. Der Bau war, seinem Grundriß entsprechend, breiter als lang, dementsprechend bestand die Dachform aus vier querstehenden Hallenschiffen mit Oberlicht-Raupen. Im Schlesischen Bahnhof in Berlin errichtete man einen Lokomotivschuppen, von dessen mittlerer Schiebebühne beiderseits je zehn Gleise mit zwei Ständen bedient wurden, insgesamt also 40 Lokomotiven abgestellt werden konnten. Er besaß ein mächtiges, aber sanft geneigtes, gezimmertes Satteldach mit Oberlicht.

Der Ringschuppen. In seinem Mittelpunkt, aber außerhalb seines umbauten Raumes, stand die Drehscheibe. Sie diente zur fächerartigen Verteilung der Lokomotiven. Den Ringschuppen gab es mit zwei bis drei Ständen an kleineren Bahnhöfen, an größeren Bahnhöfen wies er eine Halbkreisform auf. In Deutschland dürfte der Ringschuppen die am häufigsten gebaute Anordnung gewesen sein, hingegen gab es in Österreich und in Ungarn mehr Rechteckschuppen.

Die Drehscheibe wurde schon von Anfang an für das Überstellen der Fahrzeuge auf Nachbargleise, auch zum Wenden benötigt. Bald erforderten aber die stets größer werdenden Lokomotiven beachtlichere Drehscheibendurchmesser mit aufwendigeren Konstruktionen: Die Drehscheibe ist eine Art von

Brückenträger, der sich im Mittelpunkt am Königsstuhl und an den Enden auf in Kreisform angelegte Schienen stützt. Bei der KPEV waren zur Jahrhundertwende die Drehscheiben von 16,2 Meter Durchmesser üblich, bald benötigte man jedoch 18 Meter und mehr. Die Reichsbahn-Schnellzuglokomotive der Baureihe 01 aus dem Jahre 1925 hatte eine Länge von 23,9 Meter und benötigte zumindest 19,1 Meter Drehscheibendurchmesser, schließlich kam man bei einigen Baureihen auf 25 Meter (in den Vereinigten Staaten waren zum Wenden einiger großer Mallet-Loks Drehscheiben von 73 Meter notwendig). Die mit der Lokomotiventwicklung Schritt haltende Vergrößerung der Drehscheiben war nicht nur ihrer eigenen Konstruktion wegen kostspielig, der anschließenden Gleise wegen auch recht umständlich. Eine Drehscheibe konnte höchstens den Verkehr von 30 Lokomotivständen des Ringschuppens bewältigen. Der Abstand des Ge-

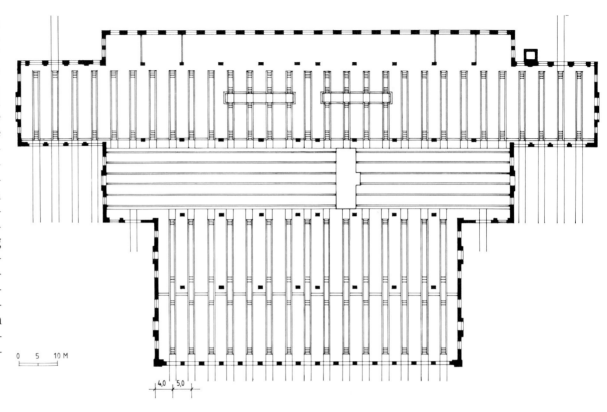

Rechteck-Lokomotivschuppen mit Schiebebühne in Stuttgart, Schnitt. Die Belichtung erfolgt durch die Oberlichtraupen. Es ergibt sich zwischen den Hallendächern eine im Industriebau oft wiederkehrende, hinsichtlich der Wasserableitung ungünstige Traufe.

Rechteck-Lokomotivschuppen mit Schiebebühne in Stuttgart. Vierschiffige Anlage. Auf der einen Seite schlossen sich Stände mit 35 Meter Länge für je zwei Lokomotiven, auf der anderen Seite Stände mit 19 Meter Länge für je eine Lokomotive an. Insgesamt konnten 59 Lokomotiven untergestellt wer-

den. Werkzeugmaschinen und Nebenräume befanden sich im Seitentrakt neben den Einzelständen. (C. Schwab: Hochbauten der Bahnhöfe)

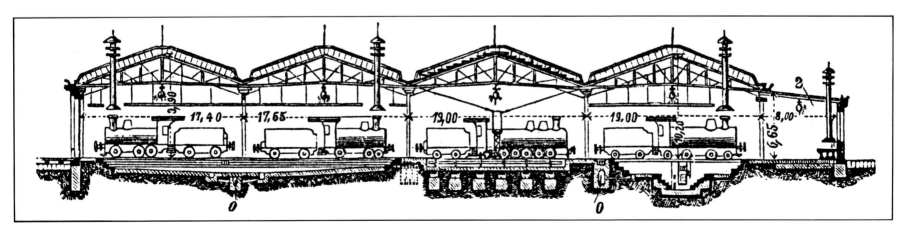

Der mit einer offenen Schiebebühne bediente Rechteckschuppen im Bahnbetriebswerk Stuttgart. Aufnahme 1986, als er im Dienst der elektrischen Lokomotiven stand. (Aufnahme: Harald Knauer)

Eine Schiebebühne, die 20 Meter lange Dampflokomotiven mit ihren Tendern fassen konnte und auf 40 Stände verteilte, besorgte den Betrieb am Schlesischen Bahnhof in Berlin. Interessant, daß der ganze Schuppen unter ein einziges großes, aber nur flach geneigtes Satteldach gebracht wurde, das von gezimmerten Stühlen getragen wurde. Der Rauchabzug erfolgte über die auf dem Dachstuhl befestigten Blechkanäle und über zwei große, außerhalb des Gebäudes stehende Schornsteine. (Aus Röll: Enzyclopädie des Eisenbahnwesens)

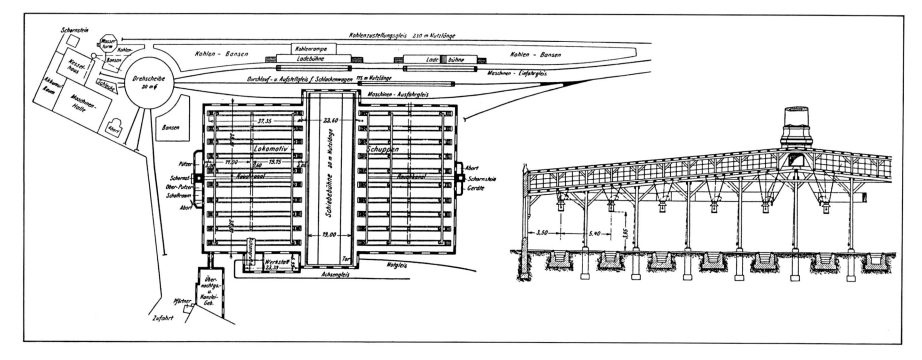

bäudes, seiner Torwand von der Drehscheibe, war in der Regel so groß, daß dort eine Lokomotive aufgestellt werden konnte. Diese Länge, der Drehscheibendurchmesser und die wirtschaftliche Entfernung der Schuppen-Stände (die Breite der Stände) ergaben die zu erbauende Gleisgeometrie. Je kleiner der Winkel blieb, den die einzelnen Gleise miteinander bildeten, um so wirtschaftlicher war die Ausnutzung der bebauten Fläche, aber es ergaben sich nahe zur Drehscheibe im Betrieb unerwünschte Gleisüberschneidungen. Bei einfacher Überschneidung der Gleise ergab das für den zur Jahrhundertwende üblichen Drehscheibendurchmesser von 16,2 Meter 32 Lokomotivstände für einen Halbkreis-Ring. Ohne Gleisüberschneidung fächerten die Gleise so gespreizt auseinander, daß nur 16 Stände im Halbkreis möglich waren.

Die mit je einem Tor pro Gleis durchbrochene Wand des Ringschuppens und seine äußere Wand sind Teile konzentrischer Vielecke. Jedes Gleis bildet einen Lokomotivstand, so können die Lokomotiven unabhängig voneinander ein- und ausfahren.

Die Hallentiefe des Ringschuppens war durch die erforderlichen Maße der abzustel-

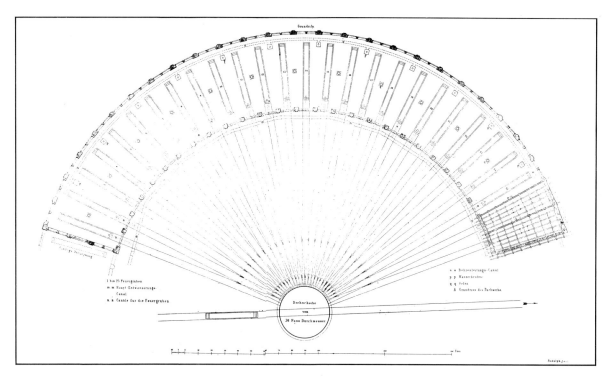

Lokomotivschuppen der Niederschlesisch-Märkischen Eisenbahn für 27 Lokomotivstände beim Bahnhof Frankfurt a.d. Oder, erbaut um 1850. Der Schuppen hat ein Satteldach mit Polonceau-Bindern über jedem Torpfeiler. Deren Obergurt ist aus Holz gebaut, die übrigen Stäbe, auch die druckbeanspruchten, sind aus Eisen geschmiedet. Der Rauchabzug liegt auf der Eingangseite, die Lokomotiven mußten sich daher in den Schuppen schieben. Sehr beachtenswert die anspruchsvolle Detailbildung der Rohziegel-Architektur: ein Beweis, daß der Eisenbahn-Hochbau bei seinen Zweckbauten dem Industriebau keineswegs nachstand. Man achtete auch auf gute Proportionen. (Aus: Zeitschrift für Bauwesen, 1859)

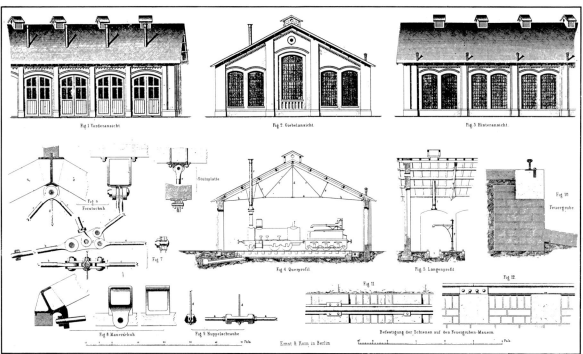

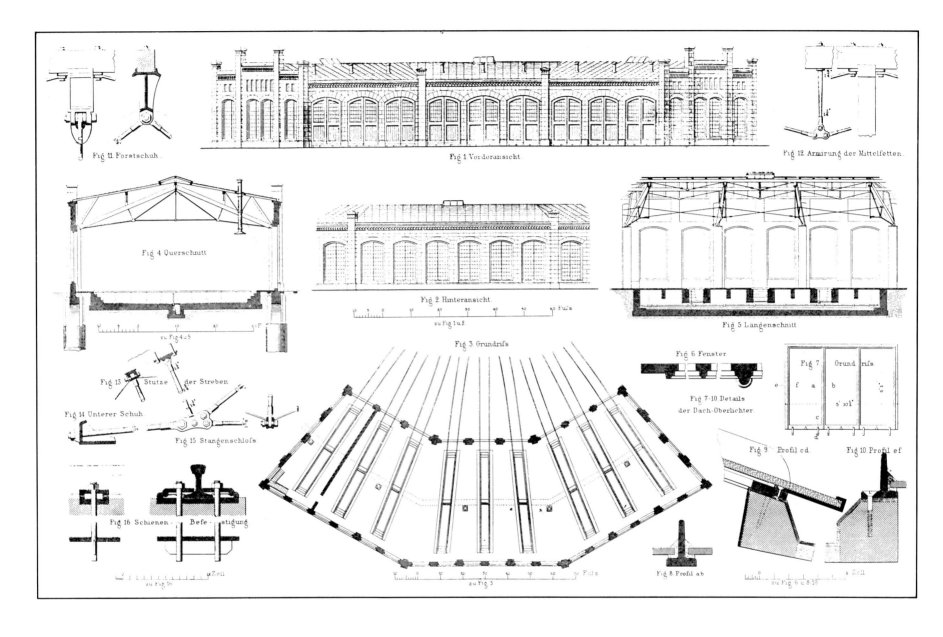

Fig 11 Forstschuh.

Fig 1 Vorderansicht.

Fig 12 Armirung der Mittelfetten.

Fig 4 Querschnitt.

zu Fig 4 u. 5.

Fig 2 Hinteransicht.

zu Fig 1 u. 2.

Fig 5 Längenschnitt.

Fig 13 Stütze der Streben.

Fig 14 Unterer Schuh.

Fig 15 Stangenschloß.

Fig 3 Grundriß.

Fig 6 Fenster.

Fig 7-10 Details der Dach-Oberlichter.

Fig 7 Grundriß.

Fig 16 Schienen - Befestigung.

zu Fig 16.

zu Fig 3.

Fig 8 Profil ab.

Fig 9 Profil cd.

Fig 10 Profil ef.

zu Fig 6 u 8-10.

Vieleck-»Rund«-Lokomotivschuppen der Berlin-Hamburger Eisenbahn in Berlin, für neun Lokomotivstände in Massivbaubauweise mit Polonceau-Bindern, die eine sanft geneigte Dachhaut tragen; erbaut um 1850. (Aus: Zeitschrift für Bauwesen, 1862)

lenden Lokomotiven gegeben. Standen die Lokomotiven mit dem Schornstein zur Drehscheibe, mußte außer der erforderlichen Lokomotivbreite von 3,15 Meter noch mit mindestens 50 Zentimeter Breite gerechnet werden, um an den für die Wartungsarbeiten wichtigeren vorderen Teil der Maschine her-

ankommen zu können. Hingegen genügten die 3,15 Meter am Lokomotivende, wenn die Lokomotiven in Richtung der Außenwand standen, da neben den auseinanderstrebenden Gleisen für die erforderlichen Arbeiten genügend Platz vorhanden war. Waren Heizrohre aus dem Kessel zu ziehen, mußte ge-

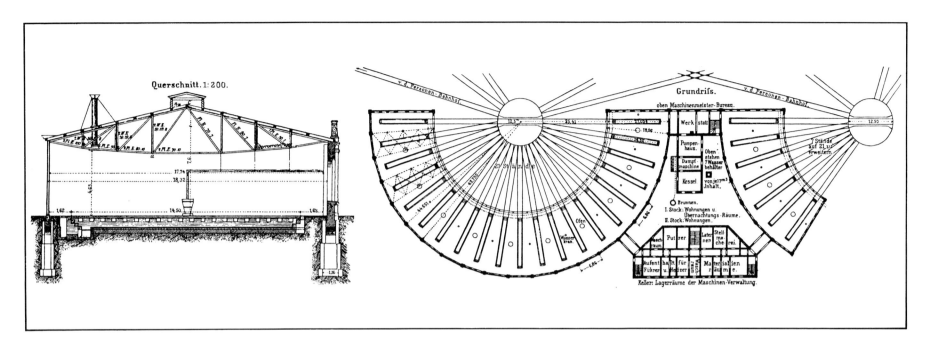

Querschnitt. 1:200.

Grundriß.

Grundriß, Schnitt und Ansicht der Lokomotiv-schuppen I und Ia beim Anhalter Bahnhof in Berlin, um die Zeit des Ersten Weltkrieges, als der zweite Ring erst mit sieben Ständen ausgebaut war. Im Foto, das aus den frühen zwanziger Jahren stammt, ist die Drehscheibe bereits auf 20 Meter Durchmesser umgebaut. Es ist die schöne Seitenfassade des Schuppens in Rohziegelbauweise zu beachten, auch die Dachreiter der Belüftung am Grat des Satteldaches. Auf der Drehscheibe steht eine preußische P 8 der Deutschen Reichsbahn. (Foto: Museum für Verkehr und Technik Berlin, Schnitt und Grundriß aus Röll: Enzyclopädie des Eisenbahnwesens)

genüber der Rauchkammertür zumindest ein Fenster in der Außenwand des Schuppens liegen.

Wie erwähnt, war der in der Torlinie erforderliche seitliche Abstand für die in Anspruch genommene Schuppen-Grundfläche ausschlaggebend. Außer dem Lichtraumpro-

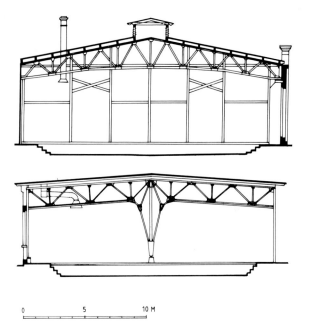

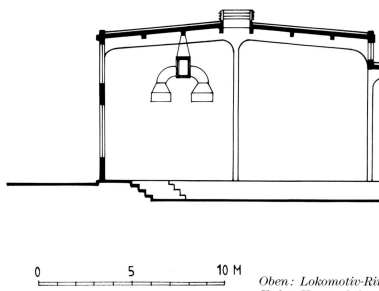

Oben: Lokomotiv-Ringschuppen mit Stahl-Fach-werkbinder-Dachkonstruktionen; oben: Karthaus, 19 Meter langer Lokomotivstand, er entspricht auch der Spannweite des Schuppens; unten: Lindau, 20 Meter langer Lokomotivstand, mittlere Pendelstütze. Beide Bauten entstanden zur Zeit der Jahrhundertwende. (C. Schwab: Hochbauten der Bahnhöfe)

Unten: Grundriß und Schnitt des Ringschuppens mit 16 Lokomotivständen für Dampflokomotiven in Aalen, vor 1910 erbaut. Stahl-Fachwerk-Konstruktion mit vier Stützen, 22 Meter lange Stände. Seitlich Nebenräume (der Reihe nach von links nach rechts: Bw-Führer, Aufenthaltsort für Lokomotivführer, Flur, Magazin, Ölmagazin). (C. Schwab: Hochbauten der Bahnhöfe)

Oben: Lokomotiv-Ringschuppen mit Stahlbeton-Skelett-Konstruktion für ursprünglich acht Stände in Plochingen aus der Pionierzeit dieser Konstruktion, 1906 erbaut. Durch die abgestufte Dachform ist eine gute Beleuchtung des Innenraumes gewährleistet. Jeweils vier Stände – zwei lange und zwei kurze – waren für die unterschiedlich langen Lokomotiven vorgesehen; dementsprechend sind auch die Putzgruben in zweierlei Längen gebaut, und die Rauchabzüge befinden sich beiderseits des Abzugkanals. (C. Schwab: Hochbauten der Bahnhöfe)

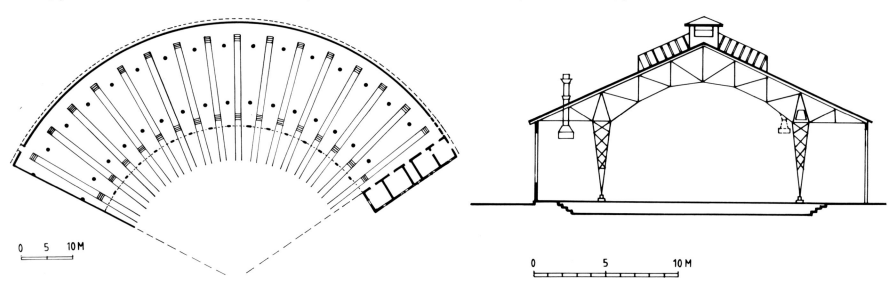

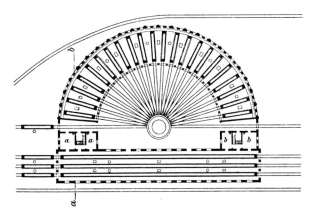

Lokomotivschuppen der österreichischen Südbahn in Marburg (heute Maribor, YU), um 1865 von Architekt Wilhelm Flattich gebaut. Es handelt sich um eine Kombination von Rechteckschuppen und Ringschuppen. (Allgemeine Bauzeitung, 1870)

Charakteristischer Ringschuppen mit Satteldach. Man beachte die Reihe der gemauerten Torpfeiler und der zweiflügeligen Segmentbogentore. Die rechtsseitige Stirnwand weist Gesimse und Wandpfeiler sowie Fensterbögen als Zierelemente auf. Rauchabzüge stehen nurmehr über den Ständen der Dampflokomotiven, nicht mehr über jenen der Dieseltriebwagen; Békéscsaba, Ungarn, Aufnahme 1973.

Ringschuppen in Heilbronn. Im Vordergrund die Drehscheibe. Der einst für Dampflokomotiven errichtete Bau dient nun zur Unterbringung von Diesellokomotiven. (Foto: Harald Knauer)

fil beeinflußte dies auch das Torpfeilermaß, weshalb schlanke Torpfeiler aus Holz oder Stahl bevorzugter waren als die breiten, gemauerten.

Eine gute innere Raumgestaltung wiesen die Ringschuppen nicht auf, was bei solch einem Zweckbau nicht nur wegen mangelnder architektonischer Wirkung zu bedauern war, auch für den Maschinendienst war die Unübersichtlichkeit ebenfalls nachteilig. Der gegenüber den Kreisschuppen nötige, bedeutend kleinere umbaute Raum ließ sich leichter beheizen, es ergab sich aber wegen der vielen Tore andererseits ein erhöhter Wärmeverlust.

Hinsichtlich ihrer Dachkonstruktion hatten die Ringschuppen den Vorteil, mit einer Spannweite von etwas mehr als einer Lokomotivlänge auszukommen, was meist mit gezimmerten Dachstühlen für ein Satteldach, auch mit Eisen- oder Stahlfachwerk-Bindern üblich und leicht gelöst werden konnte. Es kamen auch Pultdächer zur Anwendung. Schon in der Pionierzeit der Stahlbetonkonstruktionen wandte man diese neuartige Konstruktion für Ringschuppen an: Der Bau

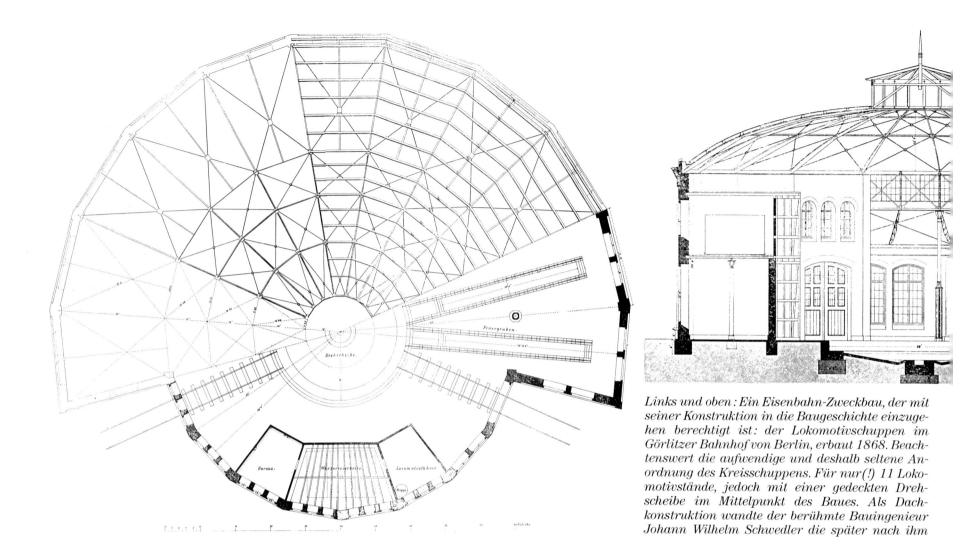

Links und oben: Ein Eisenbahn-Zweckbau, der mit seiner Konstruktion in die Baugeschichte einzugehen berechtigt ist: der Lokomotivschuppen im Görlitzer Bahnhof von Berlin, erbaut 1868. Beachtenswert die aufwendige und deshalb seltene Anordnung des Kreisschuppens. Für nur(!) 11 Lokomotivstände, jedoch mit einer gedeckten Drehscheibe im Mittelpunkt des Baues. Als Dachkonstruktion wandte der berühmte Bauingenieur Johann Wilhelm Schwedler die später nach ihm

in Plochingen für die Württembergischen Staatseisenbahnen zeigt dies.

Man sieht also, daß die Anordnung der Ringschuppen eine sich aus der Gleisgeometrie, der Lokomotiv-Wartungstechnologie und der bebauten Fläche zusammengesetzte Aufgabe war, wobei die mit Rücksicht auf die Wirtschaftlichkeit zu lösende Aufgabe zugleich weitgehend das architektonische Aussehen dieses im gesamten Bahnhofsbereich neben dem Empfangsgebäude oft wichtigsten

Baues beeinflußte. Hinsichtlich der Baukonstruktionen traten fast nie Schwierigkeiten auf, denn es ergab sich kaum jemals die Notwendigkeit zur Entwicklung von großzügigen Hallenkonstruktionen, wie dies bei einigen Rechteckschuppen oder bei den Kreisschuppen der Fall war.

Die einmalige Lösung, von Chefarchitekt Flattich bei der österreichischen Südbahn des öfteren angewandt, daß vor dem Ringschuppen – quer zu ihm, und daher mit sei-

nen Zufahrtsgleisen parallel – ein Rechteckschuppen lag, spricht besonders für die Kompositionsfähigkeit ihres Gestalters, auch für seine Verbundenheit mit den Fragen der Eisenbahn-Hochbauten.

Der Kreisschuppen. Der Kreisschuppen bot eigentlich den besten Unterstand für Lokomotiven. Da aber die Drehscheibe im Mittelpunkt des überdachten Raumes lag, ergaben sich große Flächen und beachtliche Spannweiten, damit verbunden hohe Baukosten

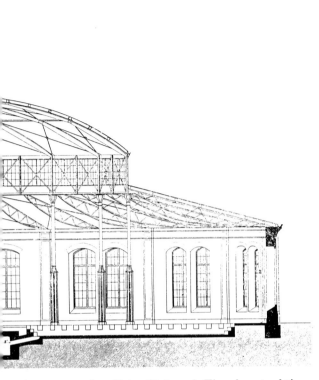

benannte räumliche Stabwerk-Eisenkonstruktion an, die Schwedlersche Kuppel. Der Bau hatte einen Durchmesser von etwa 50 Meter, die Kuppel, auf eine innere Säulenreihe gestützt, auch noch über 31 Meter.

Im Bahnhof Magdeburg standen zwei Kreisschuppen. Der eine wurde für 22 Lokomotivstände der Magdeburg-Halberstädter Eisenbahn gebaut, er dürfte die großzügigste Baukonstruktion eines Lokomotivschuppens überhaupt gehabt haben, da seine Kuppel-Stabelemente sich auf den Boden stützten und die sanft geneigte Dachhaut trugen, die in der Gesimshöhe der Außenmauer endete. Für 16 Stände wurde der Schuppen der Berlin-Potsdam-Magdeburger Eisenbahn gebaut, er hatte einen Durchmesser von etwa 50 Metern, und seine Kuppel, der Konstruktion des Schuppens am Görlitzer Bahnhof in Berlin ähnlich, betrug im Durchmesser 27,6 Meter. Am Rand dieser Kuppel wurde ein relativ hohes Belichtungsfensterband eingebaut, von dessen Gesims aus ein Dachring zur Kuppel zurückkneigte. So wurde das Regenwasser der Kuppel nach innen abgeleitet.

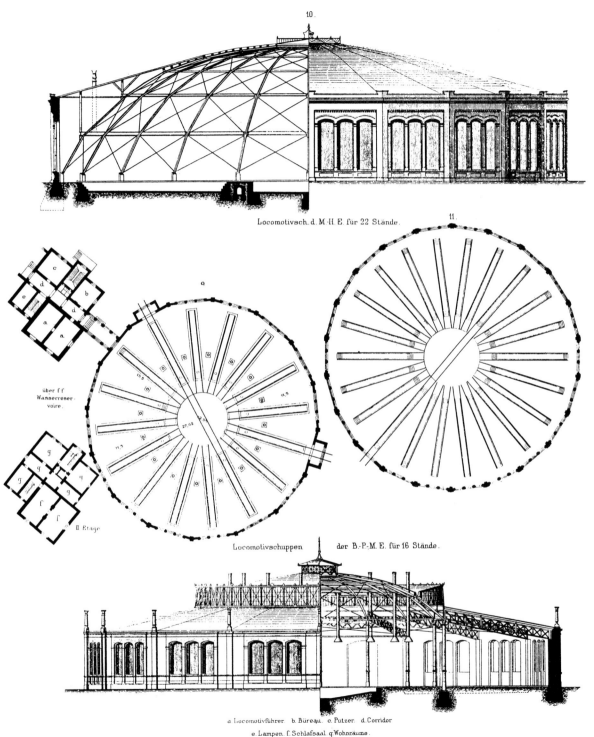

Locomotivsch. d. M.-H. E. für 22 Stände.

über f f Wasserreservoire.

II Etage.

Locomotivschuppen der B.-P.-M. E. für 16 Stände.

a. Locomotivführer. b. Büreau. c. Putzer. d. Corridor.
e. Lampen. f. Schlafsaal. g. Wohnräume.

91

und komplizierte Konstruktionen. Die errichteten Kreisschuppen haben meist flache Kuppeln. Ein berühmter Brückenbauingenieur konstruierte den Kreisschuppen im Görlitzer Bahnhof von Berlin (1868), die Lösung ist als Schwedlersche Kuppel bekannt. Dem Namen des Professors Johann Wilhelm Schwedler sind wir schon im Kapitel über die Hallen begegnet. Konzentrisch zusammenstrebende Binder waren in mehreren Reihen mit kreuzförmig angebrachten Zugbändern verstrebt. In Magdeburg wurden zwei Kreisschuppen in dieser Konstruktionsweise errichtet, jene für die Halberstädter Eisenbahn lag über 22 Strahlen-Gleisständen und trug ein separates Dach, das sich der Fassade des Rundbaues beim Gesims anschloß. Es war auch üblich, die Kuppel auf den mittleren Teil des Baues zu setzen und ihm rundherum ein halbpultartiges Dach anzuschließen.

Der Kreisschuppen bot eine klare Übersicht im Innenraum, die dem Maschinendienst zugute kam. Sofern er ausreichend beleuchtet war, bot er auch eine schöne Raumwirkung. Nachteilig war außer den erwähnten hohen Baukosten auch die kaum mögliche Erweiterung. Deshalb blieb die Anzahl der Kreisschuppen stark beschränkt.

Es sei hier abschließend noch erwähnt, daß Drehscheiben zur Dampflokzeit auch in Betriebswerken mit Rechteckschuppen benötigt wurden, da Schlepptenderlokomotiven, besonders für den Reisezugdienst, an den Endpunkten ihrer Strecken gewendet werden mußten.

Baukonstruktionen der Lokomotivschuppen

Wie wir bei der Aufzählung der verschiedenen Grundriß- und Baukompositions-Lösungen der Dampflokomotivschuppen bereits erwähnt haben, hat sich ursprünglich der Massivbau mit Mauerwerk und üblichen Dachstühlen durchgesetzt. Bei Ringschuppen konnte die Torwand dabei aus Mauerpfeilern mit abschließenden Bögen bestehen oder als Skelettbau errichtet sein. Vorzugsweise in Österreich-Ungarn, und dort fast immer im Falle von Lokalbahn-Anlagen, waren Wände aus Holzfachwerk mit ausfüllendem Mauerwerk erstellt.

Es gab eine beachtliche Anzahl von Lösungen, die von den üblichen Konstruktionen abwichen. So kamen Shed-Dächer, auch abgestufte Dächer mit Oberlichtgurten vor. Nachdem man festgestellt hatte, daß Dachstühle aus Holz nicht feuergefährlich waren, wandte man nach den gezimmerten Anordnungen auch modernere Holzbau-Lösungen an. Schon um 1920 sollen an den Bahnhöfen in Weimar und Erfurt Hetzer-Binder verwendet worden sein. Während des Zweiten Weltkrieges experimentierte die Siemens-Bauunion im Auftrag der Deutschen Reichsbahn bei Lokomotivhallen mit Vollwand-Balkenträgern aus Holz. Dies führte zu besonders sparsamen Ergebnissen: neben 32 Meter lichter Weite der Halle sollen nur 0,058 m^3 Holz für einen Quadratmeter Grundrißfläche verwendet worden sein.

Unter den Lokomotivständen waren Arbeitsgruben eingerichtet, zu denen beiderseits Treppen hinabführten und deren oberste Stufe über die Lokomotivlänge hinausragen mußte. An der Seite der Grube waren Absätze zum Auflegen von Standbohlen eingerichtet. Der Grubenboden wurde zur Wasserableitung mit Gefälle ausgebildet, leicht erreichbare Sammelkanäle schlossen sich an. Bei größeren Dampflokschuppen baute man Achswechsel-Gruben, die eine Senkung und durch Kanäle eine Seitwärtsverschiebung der ausgebauten Lokomotivachsen ermöglichten, es mußten bei Schnellzuglokomotiven Treibraddurchmesser von über zwei Metern berücksichtigt werden. Der Schuppenfußboden lag in der Höhe der Schienenoberkante, mit wasserableitendem Gefälle zur Arbeitsgrube; Eisenklinker oder Eichenholzklötze haben sich hier als Bodenbelag am besten bewährt.

Zur natürlichen Beleuchtung waren in den Wänden den Industriebauten ähnliche Fenster eingebaut, mit dicht angelegten Sprossen, um kleine Glasscheiben, die weniger schadanfällig waren, einsetzen zu können. Sie trugen zur Prägung eines charakteristischen Architekturbildes wesentlich bei. Die Tore waren zweiflügelig und öffneten sich mit wenigen Ausnahmen nach außen. Bevorzugt wurden schwere Holz-Torkonstruktionen.

Die Rauchgasabführung war bei jedem Lokomotivschuppen eine vorrangige Anforderung, die sich im Inneren und auch im Äußeren des Gebäudes charaktervoll abzeichnete. Die Einrichtungen hatten die Aufgabe, die Belästigung der Arbeiter durch das giftige Kohlenmonoxid wo irgend möglich aufzuheben und den Innenraum der Remise von den Verrußungen zu befreien. Außerdem diente der Sog zur besseren Anheizung der kalten Dampflokomotiven. Dieses Ziel konnte nur mittels sich gut dem Lokomotivschornstein anpassender verkehrter Trichter oder Wannen erreicht werden. Die Rohre dieser Rauchabzüge ragten hoch über das Dach hinaus, jedes hatte eine kleine Regenkappe. Bei größeren Betriebswerken wurden die Rauchgase zusammengefaßt und in hohe Schornsteine geleitet. Trotz sorgfältiger Anordnungen war ein gewisses Absetzen von Ruß und Schlackenstaub unvermeidlich, und so mancher Dachstuhl eines Lokomotivschuppens bot den Anblick einer verrußten und verschmutzten Konstruktion. Außer den Absaugeinrichtungen war auch eine Belüftung des Schuppens notwendig. Dachreiter mit seitlichen Öffnungen in Form von Holzjalousien dienten als Dunstabzüge. Bei den Ringschuppen gab es über den Toröffnungen ein durchgehendes Lüftungsband.

Was die äußere Erscheinung des Lokomotivschuppens betrifft, war sie im Falle von Massivmauern vom bevorzugten Rohziegel-Bau gekennzeichnet. Interessanterweise mangelt es diesen Lokomotivschuppen nicht vollkommen an architektonischen Zierelementen. Hauptsächlich kamen den Baukörper rhythmisierende Rohziegel-Lisenen (Wandpfeiler) vor, auch zahnreihenartige Rohziegel-Gesimse sind uns überliefert. Fensterumrahmungen haben immer auch eine ästhetische Wirkung hervorzurufen. Es gab jedoch noch markantere Stilelemente. Die Stargard-Cöslin-Colberger Eisenbahn versuchte anläßlich ihres Ausbaues im Jahre 1860 eine Annäherung an die damals üblichen und »modischen« Baustile: der Lokomotivschuppen in Belgard zeigt Rundbogen-Fenster und Gesimse im romantischen Stil. Er war damit nicht allein. Aber mehr als die dem zeitgenössischen Industriebau nicht nachstehende Fassadenbildung, bezeichneten die den besprochenen Lösungen entsprechenden Baukompositionen das architektonische Aussehen der Lokomotivschuppen. Die zweckgebundenen Zutaten wie Rauchfang, Dachelemente der Rauchabführung, Belüftungs-Dachreiter u.a. ergänzten es treffend. Ziegelrohbau- und Holzfachwerk-Lokomotivschuppen konnten auch bezeichnende Elemente der natürlichen Umgebung werden, um so mehr, als sie im Falle einer für den Bahnhof üblichen Randlage in Beziehung zur Siedlung oft im Landschaftsbild erschienen.

Der Wagenschuppen

Man baut Wagenschuppen, um einzelne Wagen oder in Zügen zusammengestellte Wagengarnituren abstellen, reinigen und ausbessern zu können. In seiner geschichtlichen Entwicklung hat sich der Wagenschuppen hinsichtlich der Zwecke sehr stark geändert: Anfangs wurden die Wagen, ebenso wie die Lokomotiven, in ihren Schuppen gestellt, um sie gegen Witterung zu

Vordere Ansicht.

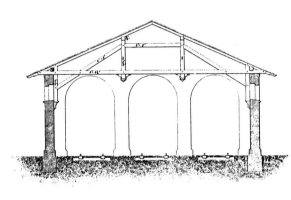

Durchschnitt nach a b.

Grundriss.

In Wunstorf bauten die Hannoverschen Eisenbahnen einen Wagenschuppen für drei nebeneinanderstehende Wagen. Die Baukonstruktion war ein kombiniertes Hänge- und Sprengwerk. Die Nebenräume dienten anderen Dienstzweigen.

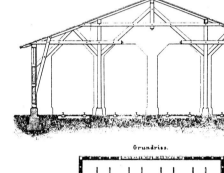

Vordere Ansicht.

Durchschnitt nach a b.

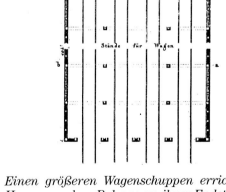

Grundriss.

Einen größeren Wagenschuppen errichteten die Hannoverschen Bahnen an ihrer Endstation Harburg, 1847. Er beherbergte vier Gleise und konnte bei einer Länge von 104 Fuß auf jedem Gleis vier Zweiachser unterbringen. Im Gegensatz zum gleichzeitig errichteten Schuppen in Harburg hatte er ein Holzfachwerk als Tragkonstruktion: zu dieser Zeit baute man noch in der Regel für jeden Bahnhof nach individuellen Entwürfen.

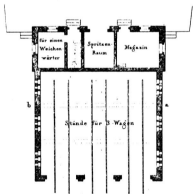

schützen, hier konnten sie gleichzeitig auch gereinigt werden. Ausbesserungen jedoch wurden zumeist in einer besonderen Werkstatt vorgenommen. Mancherorts dienten auch die Bahnsteighallen zum Schutz der Zuggarnituren. Dies war jedoch nur während der ersten Jahrzehnte möglich, danach wurde das Verkehrsaufkommen so groß, wuchs die Zahl der Wagen dermaßen an, daß man die Wagengarnituren zum größten Teil im Freien abstellen mußte. Nur besonders gut ausgestattete Wagen wie königliche oder fürstliche Wagen, oder jene der Schlafwagengesellschaften hatten ein Dach über sich, wenn sie außer Dienst waren.

Die zweckmäßigste Grundrißform war der Rechteckschuppen, mit Anschluß durch Weichenstraßen an einem oder an beiden Enden. Drehscheiben wurden nur in den ersten Jahren angewendet, Schiebebühnen nur für eine beschränkte Anzahl von Wagen. Noch zur Jahrhundertwende rechnete man mit vier Meter Wagenlänge je Achse für zweiachsige und je 4,5 Meter für vierachsige Wagen zur Bestimmung der Länge im Wagenschuppen. Nur in der Anfangszeit, Mitte des 19. Jahrhunderts, baute man bretterverschalte Wagenschuppen, sodann ging man – ähnlich den Lokomotivschuppen – zum Bau von Fachwerk oder zu Massivbauten über, verwendete Holzdachstühle, seltener eiserne

Wagenschuppen der Rhätischen Bahn mit Schiebebühne.

Die Lokalbahn Türkheim – Wörishofen wurde am 15.8. 1896 dem Betrieb übergeben. Links im Bild ist einer der elektrischen Triebwagen im Tor des Triebwagenschuppens zu sehen. In das Gebäude führten zwei Gleise, der übrige Teil diente als »Kesselhaus« der Stromerzeugung. Rechts ist auch der Güterschuppen mit auskragendem Dachstuhl zum Schutz der Laderampe und einer Bretterverschalung zu sehen.

Wörishofen Bahnhof

Fachwerk-Binder. Man baute zweiflügelige Tore wie bei den Lokschuppen. Diente der Schuppen nur zum Abstellen, genügten wenige und mittelgroße Fenster, wurde darin auch Arbeit geleistet, waren große, tief herabreichende Fenster und ein Oberlicht im Dach nötig. Für Arbeiten der Instandhaltung, nicht der Ausbesserung, sollten Schlosser, Glaser, Sattler und Maler tätig sein, sie benötigten in einem angeschlossenem Nebenbau ihre kleinen Werkstätten.

Als zur Zeit der Jahrhundertwende die Dampftriebwagen und bald darauf auch die Elektro- und die Verbrennungstriebwagen aufkamen, baute man für sie gleichfalls kleine Schuppen. Einer der ersten dürfte der zweigleisige ,mit Kesselhaus verbundene Stand am Bahnhof in Bad Wörishofen in Bayern gewesen sein. Einen der ersten modernen, ausschließlich für Triebwagen dienenden Wagenschuppen mit hohem Fassungsvermögen und anschließendem Ausbesserungswerk – richtungweisend für die Stahlbetonbauweise – bauten die Ungarischen Staatseisenbahnen 1932 in Szentes, wo der Mittelpunkt des neu organisierten Lokalbahnverkehrs ausgebildet wurde.

Zum Abschluß der Wagenschuppen hier auch ein neuzeitlicher Bau, der das Unterstellen, Reinigen, Warten und Instandhalten von Zuggarnituren ermöglicht; Köln-Neustadt. (Foto: Stadt Köln, Rheinisches Bildarchiv)

Mit dem neuzeitlichen Aufkommen von Triebwagenzügen für den Vorort- und Fernverkehr werden für die Garnituren aus mehreren Wagen lange Hallen errichtet, die im allgemeinen mit einer leichten Stahlkonstruktion und mit geringen Spannweiten kostengünstig aufgebaut werden können. Sie eignen sich für die Funktionen des Abstellens, der Revision, für das Waschen, Putzen und für kleine Ausbesserungen. Ein bedeutender Unterschied zu den früheren Wagenhallen besteht zumeist auch darin, daß sie außerhalb der großen Ballungsräume, an den Endstationen der die großen Städte durchquerenden Strecken aufgebaut werden können, also nicht städtisches Gebiet in Anspruch nehmen, wie das früher der Fall war. Es ist dabei interessant, zu verzeichnen, daß man zu Beginn des Eisenbahnbetriebes noch bestrebt war, alle Personenwagen, die außer Betrieb sind, unter ein Dach zu stellen. Eine Anforderung, die bereits in der zweiten Hälfte des vergangenen Jahrhunderts – weil wegen der hohen Hallenbaukosten undurchführbar – weggefallen ist. Heute, weitere hundert Jahre später, sind im Vergleich zur Instandhaltung der Wagen und auch zur Befriedigung der Ansprüche der Reisenden hinsichtlich der nötigen Wartung und Putzarbeiten die Kosten einer Überdachung bedeutend gesunken: Es lassen sich relativ billige Hallen in Leichtbauweise errichten, die gleichzeitig eine günstige Möglichkeit für die Behandlung der Wagen bieten.

Wassertürme und Bekohlungsanlagen

Die Wasserversorgung der Dampflokomotiven und ihre Bekohlung erforderte Bauten, die – besonders im Falle von Pumpenhäusern und Wassertürmen – Objekte mit bedeutender architektonischer Wirkung waren, sie bestimmten das Bahnhofsbild wesentlich mit.

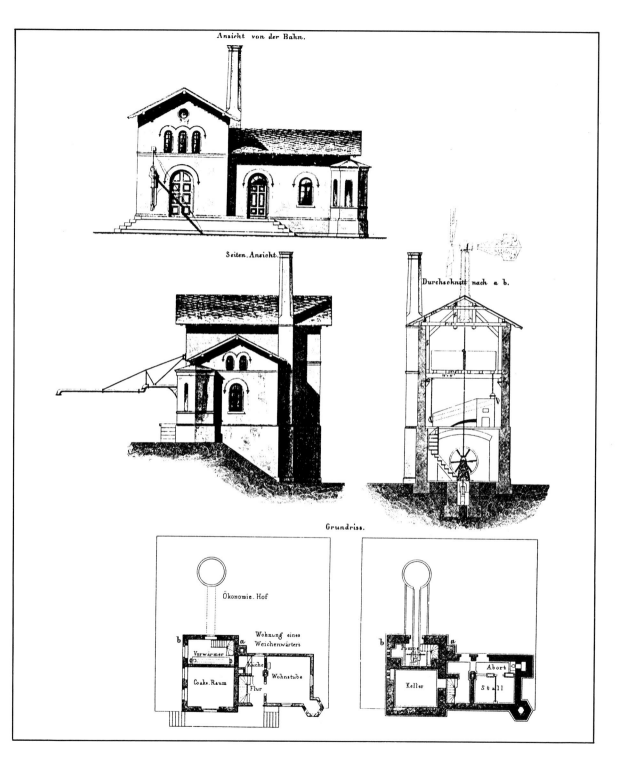

Pumpenhaus der Hannoverschen Eisenbahnen in Celle, erbaut 1847. Im Untergeschoß befindet sich die per Handrad bediente Pumpe sowie Nebenräumlichkeiten wie Stall und Abort. Im schienengleichen Erdgeschoß wohnt in einer Einzimmerwohnung der Pumpenwärter, im Obergeschoß befindet sich das eiserne Reservoir für das Lokomotiv-Speisewasser. Die Möglichkeit eines Windrad-Pumpenantriebes wurde nicht ausgeschlossen. (Aus: Zeitschrift für Bauwesen, Jg. XVI, 1851)

Pumpenhaus und Lokomotivschuppen als Gemeinschaftsbau kleinerer Bahnhöfe. Das Wasser aus dem Brunnen wurde mittels der restlichen Dampfkraft der heimgekehrten Lokomotive in den Behälter gepumpt (Pulsometer).

Pumpenhaus im Bahnhof Kainisch der ehemaligen Kronprinz-Rudolf-Bahn in Österreich, erbaut 1877. Das Gebäude dient heute offensichtlich anderen Zwecken und ist auch in seiner Außenarchitektur stark modernisiert, das heißt vereinfacht; Aufnahme 1982.

Pumpenhaus einer ehemals ungarischen Schmalspur-Waldbahn in der heutigen Slowakei, nahe Neusohl (Banska Bystrica). Es ist, im Charakter der ungarischen Lokalbahnen, an einen aus Fachwerk errichteten Lokomotivschuppen angebaut.

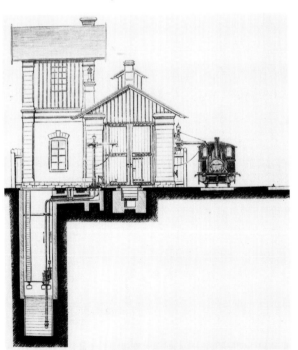

Wassertürme zur Lokomotiv-Speisewasserversorgung. Neue Wassertürme (1–38) der KPEV-Eisenbahndirektion Berlin vor dem Ersten Weltkrieg: 1 Abstellbahnhof Rummelsburg; 2 Bahnhof Erkner; 3 Bahnhof Nauen und 8 Bahnhof Stralau-Rummelsburg. Obwohl es sich um einen reinen Zweckbau handelt, ist der architektonische Zeitgeist des späten Jugendstils unverkennbar vertreten; 4 Wasserturm am Bahnhof Grunewald, erwies schöne architektonische Zierelemente auf; 5 der Wasserturm des Bw Salzwedel dürfte älter sein, die Rohziegel-Architektur und der Fachwerkaufbau rund um das Reservoir deuten auf die Zeit um 1880; 6 der Wasserturm in Kandrzin, Ost-

Schlesien, war breit und plump, dennoch gefällig; 7 auch der Unterbau des Wasserturmes in Hamburg-Rothenburgsort deutet auf die Zeit von 1880, der Wasserbehälter wurde aber offensichtlich neu ersetzt; 9 besonders hoch gebaut, und gegen Frost mit Holzverschalung geschützt, zeigt sich der Wasserturm in Wustermark.

Wasserturm auf dem Anhalter Bahnhof in Berlin. Auf einem Fachwerkgerüst aus Stahl steht eine aus Stahlblech zusammengesetzte Kugel. Der prismatische Baukörper des Gestelles und des Behälters sind ästhetisch kaum im Einklang, der Bau wirkt aber leichter als die Wassertürme mit gemauertem Unterbau. Im Hintergrund ist die Außenwand des Ringschuppens zu sehen. (Aus Jordan-Michel: Die künstlerische Gestaltung von Eisenkonstruktionen)

Wasserturm am Bahnhof Hamm, 1906. Auf gemauertem Unterbau steht eine aus Stahlblech zusammengesetzte Kugel. (Aus: Jordan-Michel: Die künstlerische Gestaltung von Eisenkonstruktionen)

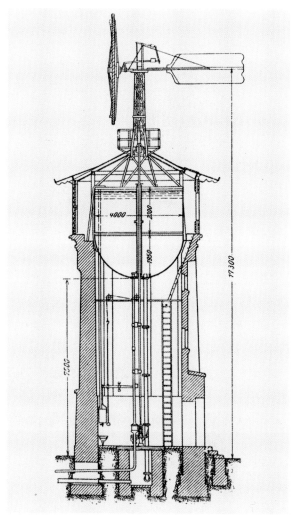

Vor der Jahrhundertwende hat man vielerorts das Wassersaugen durch Windradantrieb lösen wollen, da es an abgelegenen Bahnhöfen keine andere Energiequelle gab und man die Handbetätigung möglichst ausschalten wollte.

Auf Stationen mit bescheidenerem Verkehr ruhten die eisernen Wasserbehälter in Stockwerkshöhe auf Eisenträgern, sie waren unter einem Satteldach des erhöhten Gebäudeteiles verlegt, die Außenwand war zum Wärmeschutz oft bretterverschalt. Aus Brunnen,

Teichen, Flüssen oder anderen Wasserquellen saugten Pumpen das Speisewasser in die Behälter, für das Nachfüllen einer Lokomotive wurden einige Kubikmeter Wasser gebraucht, ein Wasserkran konnte in einer Minute etwa ein bis vier Kubikmeter ausgießen.

In Bahnbetriebswerken gab es einen erhöhten Wasserbedarf und auch einen größeren Wasserdruckbedarf. Hier wurden Wassertürme gebaut, die im Gegensatz zu den in den Pumpenhäusern angebrachten Behältern als selbständige Bauten standen. Es waren in

Wasserturm des Betriebswerkes Hamburg-Altona für die Bespeisung von Dampflokomotiven, nach dem Zweiten Weltkrieg noch erbaut. (Pressedienst der Deutschen Bundesbahn)

Gesimse der Ziegelrohbau-Industriearchitektur beschränkte. Daß er in diese Kategorie gehört, beweist in jedem Falle auch der außen angebrachte Wasserstandzeiger.

Die Bekohlungsanlagen waren unterschiedlichster Art, es gab vom Kohlenkorb und dem kleinen Kohlenwagen (Hund), über den Drehkran bis zu den fahrbaren Portalkranen die verschiedensten Einrichtungen. Als tektonisch wirkende Baukomposition sind vor allem die Hochbehälteranlagen hervorzuheben, bei denen ein unter der Erdoberfläche erbauter Betonbunker durch Kippen der anfahrenden Kohlewagen gefüllt wurde und die Kohle mit Becherwerken in eine dem Lokomotivtender zugewandte Rutschwanne gehoben wurde. Es handelten sich hier um das sogenannte »Hunt«-System, das in Deutschland unter anderem in Saarbrücken, München und in Berlin-Grünewald erbaut wurde.

der Regel gemauerte Rundbauten mit auskragenden Behälterkopf, dessen Inhalt in sechs Kategorien von 50 bis 500 m^3 eingeteilt war.

Der Wasserturm ist ein Bau, der hauptsächlich durch seine Silhouette das Bild seiner Umgebung beeinflußt. Seine oft geschwungene, sanft sich neigende Konturlinie und das markante Bild seiner Krönung lassen ihn unter den Industriebauten in künstlerischer Weise hervortreten. Auch seine Flächenbildung spielte dabei eine Rolle, obwohl sich das Dekor zumeist auf übliche Lisenen und

Bekohlungsanlagen mit tektonischem Baukörper. Obwohl die Mehrzahl der Bekohlungsanlagen eher das Aussehen einer Maschinenanlage oder einer Hebeanlage (Laufkran) aufweist, zeigen gewisse Anordnungen einen dem Industriebau ähnlichen zweckgebundenen Baukörper und eine geschichtlich sicherlich ansprechende Baukomposition. Links: Bekohlungsanlage in Großbritannien mit 2000 t Kohle Fassungsvermögen im Hochbehälter *von 16,5 Meter Durchmesser und mit der Kapazität zur gleichzeitigen Bekohlung von sechs Dampflokomotiven. Der 41 Meter hohe Bau hat auch einen Sandkasten für 75 Tonnen, Baujahr 1924; rechts eine musterhafte Anlage aus der Zeit der Jahrhundertwende in Grunewald. Der bunkerartige Aufbau deckt die Becherheber und Rutschanlage gegen den ausströmenden Staub; die Anlage hat tektonische Wirkung.*

5. Der Güterschuppen

Die europäischen Eisenbahnen beförderten in der Zeit vor dem Ersten Weltkrieg, als es noch keine Konkurrenz durch den Straßenschwerverkehr gab, im Durchschnitt jährlich etwa eineinhalb Milliarden Tonnen Güter fast ausschließlich mit Dampflokomotiven. Dies gibt Aufschluß über den dazu notwendigen Wagen- und Lokomotivpark, auf die dazugehörigen Gleisanlagen und auch auf den Umfang der belegten Lagerflächen und der verwendeten Ladeflächen. Uns gibt es Aufschluß über die Größenordnung der hierfür erbauten Güterschuppen.

Der Transport der Güter steht als Aufgabe der Eisenbahn jener des Personenverkehrs keineswegs nach, im Gegenteil dürfte oft der Rohstoff-, Material- oder Warenverkehr für den Bau einer Eisenbahn überhaupt ausschlaggebend gewesen sein. Auch dort wo die Bahn zur Belebung des Reiseverkehrs und zur Verbindung der Städte untereinander gedacht war, hat der Güterverkehr in den Wirtschaftlichkeitsberechnungen stets eine Rolle gespielt.

Die Stückgutbeförderung, die in den letzten Jahrzehnten von der modernen Frachtbeförderung durch Großraumbehälter immer stärker modernisiert wurde, benötigte von den Anfängen des Eisenbahnverkehrs bis zu dieser neuesten Behandlung von Gütern für Abfertigung und auch zur Lagerung der Stückgüter besonderer Bauten und Bahnhofsanlagen. Je nach Größe und Verkehrsaufkommen handelt es sich um Freilade- oder Stückgutbahnhöfe bzw. Gleisanlagen für die Güterverladung. In Hinsicht auf die Hochbauten betrifft dies in erster Linie die im herkömmlichen Bahnhofsbild gewohnten Güterschup-

BEBRA

pen. An größeren Bahnhöfen wurden auch Güterhallen oder Umladehallen errichtet.

Es ist hinreichend bekannt, daß schon mit den ersten von Nürnberg abfahrenden Wagen zwei Fässer Bier aus der Brauerei Lederer in das Gasthaus nach Fürth gesandt wurden, seitens der Bahn »unter der Bedingung, dass solche jedesmal von dem Wirth bei Ankunft des Wagens sogleich abgenommen werden«. Offensichtlich war die Abnahme so dringend, weil es in Fürth damals noch keinen Güterschuppen gab.

Güterschuppen mußten daher für die Verstärkung des Eisenbahnverkehrs möglichst auf jedem Bahnhof gebaut werden. Sie galten als Zweckbauten, mit denen das reisende Publikum nicht in Berührung kam. Da sie zumeist einen abgelegeneren Standort hatten, verzichtete man in der Regel auf eine schmückende Architektur. Lediglich ein soli-

der Aufbau wurde verlangt, was dazu führte, daß viele alte Güterschuppen auch heute noch unverändert bestehen. Besonders bei kleineren Anlagen können sie als die dauerhaftesten Hochbauten der Eisenbahn betrachtet werden.

Zwischen dem Straßenfahrzeug und dem Eisenbahngüterwagen ist eine Ladebühne erforderlich, die ungefähr in der Höhe der Ladefläche beider Fahrzeugarten liegt. Die Ladebühne ermöglichte ein relativ einfaches Transportieren der Güter und schloß die Notwendigkeit von Senken und Heben – in einer Zeit, in der an kleineren Bahnhöfen keine derartigen Einrichtungen zur Verfügung standen – aus. Man erfand alsbald die Stechkarre, ein sich lange Zeit bewährendes, einfaches Beförderungsmittel zum Umschlag der Güter. Erst in der Mitte des 20. Jahrhunderts wurde die Stechkarre vom Gabelstapler verdrängt. Eine Verminderung des Grundrisses war mit seinem Erscheinen jedoch kaum verbunden, da der Elektrokarren den Flächengewinn für seine Fahrbahnen benötigte.

Der Güterschuppen wurde zum Schutz der Güter und des Bedienungspersonals gegen Witterung sowie gegen Diebstahl auf die schon erwähnte Ladebühne gesetzt. Sie behielt die notwendigen freien Flächen beiderseits zum Anschluß an Straße und Schiene und auch freie Flächen zur Lagerung der dafür geeigneten Güter. Die Ladebühne hatte außer ihren Anschlußkanten Treppen und Rampen. Gegebenenfalls konnte auf der Freibühne ein Teil mit einem Zaun gesäumt werden. Als nötige Bühnenfläche sah man bei nichtmechanisierter Warenbehandlung etwa

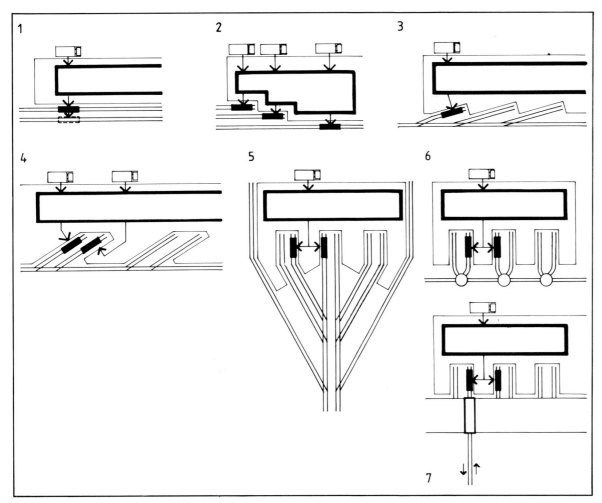

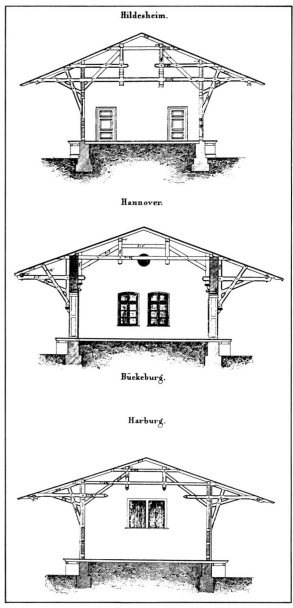

Einige Anschlußmöglichkeiten des Güterschuppens und der davor liegenden Ladefläche zu den Aufstellgleisen der Güterwagen: 1 direkter Gleisanschluß. Die meistangewandte Anordnung (im Falle von größerem Verkehr ist das individuelle Behandeln der Wagen umständlich); 2 einige Gleise sind zur unabhängigen Behandlung der Wagen gebaut, die Anordnungen sind kostspieliger; 3 und 4 sägeförmige Gleisanschlüsse; 5 bei diesem und den folgenden Beispielen ist der Güterschuppen senkrecht zu den Gleisen angeordnet und mit Weichen oder mit Drehscheiben (6) oder mit einer Schiebebühne (7) zu erreichen. Fall (5) benötigt ein allzu großes Gleisfeld, 6 und 7 machen zusätzliche Einrichtungen notwendig.

13 m² je Tonne Versand an Spitzentagen und je 18 m² je Tonne Empfang vor.

Aber nicht nur die Größe der Bühnenfläche und des auf ihr aufgebauten Güterschuppens ist für die Bewältigung des Verkehrs ausschlaggebend, es muß auch die Anzahl der aufzustellenden Güterwagen und der ankommenden Straßenfahrzeuge und damit die Bühnen- bzw. Hallenlänge berücksichtigt werden. Der Anschluß auf der Schienenseite ist dabei ausschlaggebend, braucht doch die Gleisanlage die kostspieligeren und platzaufwendigeren Anordnungen. Einige schematisierte Möglichkeiten sind in der Abbildung

Güterschuppen an der Hannoverschen Staatsbahn, 1847. Fachwerkwände und zusammengesetzte Sprengwerk- und Hängewerkdachstühle wurden bevorzugt. Vereinheitlichung gab es noch nicht, nur Ähnlichkeit. In Hannover wurde aber Mauerwerk bevorzugt. (Allgemeine Bauzeitung, 1851)

Güterschuppen der Hinterpommerschen Eisenbahn in Köslin, erbaut 1859. Zu beachten ist, daß der Lagerboden auf Stützen ruht, die Durchlüftung ist gewährleistet. Abweichend von den üblichen Anordnungen liegt außer den Mauern eine nur fußgängerbreite Laderampe, es wird unmittelbar vor den Toren geladen. Zu beachten auch die Ausbildung der Schiebetore. (Aus: Zeitschrift für Bauwesen, 1864)

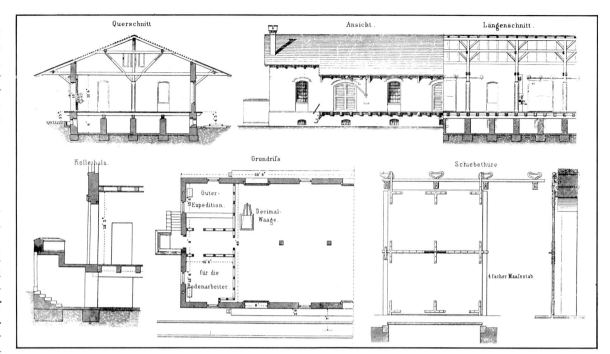

links außen wiedergegeben. Sie haben Einfluß auf die Gestaltung des Güterschuppens.

Der Anschluß zu den Güterladegleisen und damit zum Schuppen mittels Drehscheiben wurden in der frühen Eisenbahnzeit bevorzugt. Das Wenden der leichten Wagen war noch einfach, die Anordnung raumsparend. Die Drehscheiben und der zahnartige Anschluß mit kurzen Gleisen zu den Güterschuppen wurde auch später beibehalten und ermöglichte das unabhängige Rangieren der Güterwagen. Bei langen, eingleisigen Anschlüssen zu den Lagerhäusern wurde nämlich mit dem Verschub eines einzigen Güterwagens der gesamte Ladeprozeß beeinträchtigt.

Güterschuppen am Hamburger Bahnhof in Berlin, mit der Aufschrift »2er Güterspeicher«. Auf der rechten Seite ist weiterhin die Anschrift »Zu versendende Güter«, auf der linken »Ankommende(?) Güter« zu lesen, was auch die klare Gliederung des Baues spiegelt. Zu beachten, daß seinerzeit auch noch der Güterschuppen ein architektonisches Dekor verdiente: Rundbogenfenster, Bogengesims und kleine Ecktürme betonen den wohlgegliederten, aber auch schon erweiterten Bau. Die Erweiterung ist seitlich an der Aufstockung zu sehen; Foto um 1870. (Museum für Verkehr und Technik, Berlin)

Der Güterschuppen am Bahnhof Weimar. Gemauerter Aufbau. Aquarell von Franz Jäde aus 1850. Das Bild beweist, daß sich der Güterschuppen als Bautyp im Laufe der 140 Jahre unter den Eisenbahn-Hochbauten am wenigsten geändert hat. (Stadtmuseum Weimar, Reproduktion: Eberhard Renno)

Güterhalle am Bayrischen Bahnhof in Leipzig, um 1858. Es wurden damals zur Bewältigung des angewachsenen Güterverkehrs anstelle der alten Wagenhalle, die abgerissen wurde, zwei einander ähnliche Güterschuppen errichtet, getrennt für die abgehenden und für die ankommenden Waren. Der abgebildete, für die Güteraufgabe bestimmte Speicher beherbergt auch Räumlichkeiten für verschiedene Dienste: Güterverwaltung, Expedition, Waage, Bodenmeisterei, Wache, Kasse, Personal.

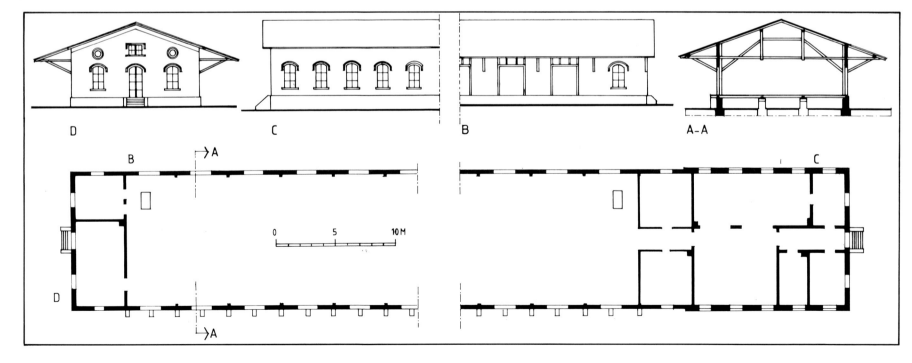

Leobersdorf um 1900. Links im Bild der Güterschuppen, der noch 1842 für die Gloggnitzer Bahn von Mathias Schönerer errichtet worden sein dürfte. Für Eisenbahnfreunde noch eine Information: Es ist eine Südbahnlok der Reihe 17 c zu sehen, mit einem Zug, der in Richtung Wien Südbahnhof steht.

Zu den in Deutschland an Bahnhöfen mit großem Güterverkehr allgemein ausgebildeten, langen, zusammenhängenden Güterschuppen wurden die verschiedensten Anlagen errichtet. Ein im Jahre 1910 erschienener Bericht erwähnt, daß der Güterschuppen in Freiburg im Breisgau einen L-förmigen Grundriß hat, wobei der eine Arm 406, der andere 157 Meter lang ist, und der erste 11, der zweite vier Gleisanschlüsse in Sägeform mit je vier Wagenständen aufweist. Der Güterschuppen hat eine innere Breite von 25 bis 30 Meter mit einer Gesamtfläche von 14000 m^2. In die sieben sägeförmigen Stellungen des Münchener Südbahnhofes werden laut diesem Bericht allnächtlich 50 bis 60 Wagen gestellt, die Verladung kann den ganzen Tag über andauern, gegebenenfalls können aber mittags die Wagen herausgezogen und ausgewechselt werden. Der Schuppen ist 247(!) Meter lang und der Ladeweg zwischen dem Ladegut und dem zugestellten Güterwagen war beträchtlich länger als üblich, der größere Arbeitsaufwand ist aber mit der Verringerung des Wagenverschubes durchaus ausgeglichen. Es konnten in der Münchener Güterbehandlung zur Jahrhundertwende während einer zehnstündigen(!)

Güterschuppen der k.k. priv. Staatseisenbahngesellschaft in Laa a.d. Thaya. Gemauerter Aufbau. Nach Normalien des Baudirektors Maniel errichtet, Bauzustand 1982.

Oranienbaum   Bahnhof

*Oranienbaum, an der Lokalbahnstrecke Dessau –
Wörlitz. Güterschuppen aus Holzfachwerk mit
Ausmauerung und flachem Halbpultdach. Man
beachte das große Seitenfenster. Die Abbildung im
Jugendstildekor zeugt für die Mode der Jahrhundertwende.*

Arbeitsschicht etwa 100 Güterwagen mit
Stückgut beladen werden. In Köln ging man
des einfacheren und die Verladung nicht störenden Verschubes wegen auf eine bewährte
Anlage mittels Drehscheiben über.

Begnügte man sich anfangs noch mit 8 bis
12 Meter breiten Güterschuppen, ging man
später auf das wirtschaftlichere Maß von 15
bis 20 Meter über. Die Länge und damit die
Anzahl der Tore wurden dem Verkehr angepaßt. Auf Lokalbahnhöfen gab es Güterschuppen, deren Länge geringer war als ihre
Breite und Großstadt-Hallen mit je fünf bis
zehn Toren auf jeder Seite, was eine Länge
von etwa 50 bis 100 Meter ergab.

Zwar baute man um die Jahrhundertwende
auch Güterschuppen mit eisernen und stählernen Dachträgern, ein frühes Beispiel ist
der 1870 errichtete Bau am Centralbahnhof
in Magdeburg, aber im wesentlichen gab es
zweierlei Aufbauten für Güterschuppen: das
Mauerwerk und das Holztragwerk. Letzteres
wurde gelegentlich als ansehnliches Fachwerk mit Ausmauerung erstellt, besonders
bei jenen Lokalbahnhöfen, bei denen sich der
Güterschuppen dem Empfangsgebäude anschloß. Ein Teil der Güterschuppen mit Holztragwerk wurde aber bretterverschalt. Bei

*Österreichischer Lokalbahnhof mit Güterschuppen in Geras-Kottaun. Gezimmertes Holzfachwerk
mit Bretterverschalung. Erbaut 1910, fotografiert
1982.*

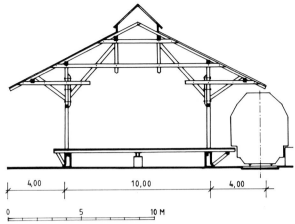

Querschnitt eines deutschen Lokalbahn-Güter-schuppens, auf Holzfachwerkwänden aufgebaut, mit kombinierter Spreng- und Hängedachstuhl-Konstruktion und auskragenden Rampendächern. Dieser Entwurf aus der Zeit vor dem Ersten Welt-krieg ist die ausgereifte Lösung nach mehr als einem halben Jahrhundert Praxis im Eisenbahn-Hochbau. (C. Schwab: Hochbauten der Bahnhöfe)

Güterschuppen der Kaiserin-Elisabeth-Westbahn in Österreich am Bahnhof von Timelkam, Holzbau mit Bretterverschalung, Foto 1982.

Weitgespannte deutsche Güterschuppen in Holz-bau, Schnitte. Mittels Zugbänder befestigte Vordä-cher und Oberlichter. Links: Stahlbetondecke, rechts: Holzbohlendecke als Güterboden.

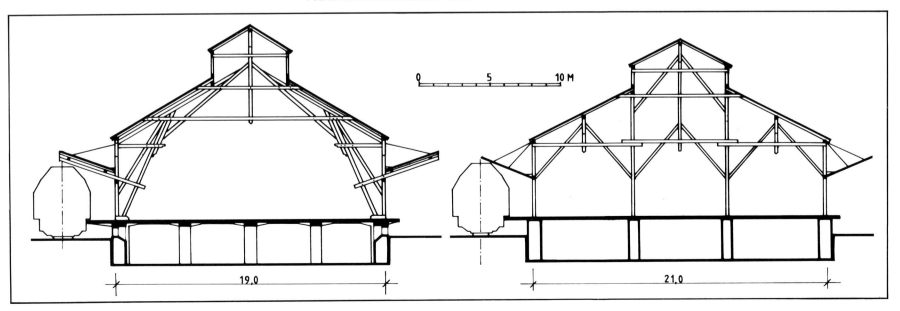

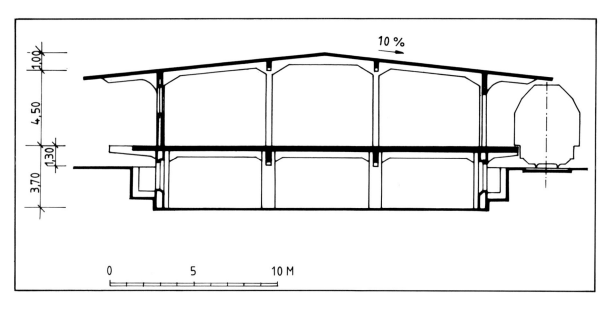

10 %

0   5   10 M

beiden Bauarten wurden gezimmerte Dachstühle verwendet, in ihrer Anordnung überwog das vereinte Spreng- und Hängewerk. Dieses war nämlich die wirtschaftlichste Bauart für einen Holzdachstuhl. Das eigentümliche Aussehen des Güterschuppens gewährleisteten die beiderseitigen Dachauskragungen zum Schutz der Ladefläche im Anschluß zur Schiene und zur Straße, einmaliges Merkmal eines Eisenbahnzweckbaues, das bis heute besteht. Wo man wegen Erweiterung oder anstelle der im Kriege zugrunde gegangenen alten Schuppen nach dem Zweiten Weltkrieg einen neuen anlegen mußte, ging man allgemein zum Mauerwerk mit Stahlbetondach-Konstruktion über. Immerhin gab es Stahlbeton-Rahmenwerke bei Güterschuppen auch schon früher. Ein gutes Beispiel hierfür war jener in Dortmund Hbf., bereits zur Zeit des Ersten Weltkrieges errichtet. Zu dieser Zeit war der Stahlbetonbau keineswegs »vereinheitlicht«, es gab in seiner Frühzeit, den ersten Jahrzehnten des 20. Jahrhunderts, viele Sonderbauarten. Eine davon wurde vor 1905 am Güterbahn-

Querschnitt eines deutschen Güterschuppens in Eisenbeton; Entwurf um 1910.

Güterschuppenbau im Güterbahnhof Wolf in Basel, um 1905. Diese Sonderbauart ergab dünnwandige, stützenlose Hallenräume von 20 Metern

Spannweite. Der Baseler Schuppen war 200 Meter lang, die Betontonne 10 bis 14 cm dick, sie hatte gewundene Flacheiseneinlagen und war mit Zugstangen aus Flach- und Winkeleisen unterspannt. Die Tonne war abschnittsweise durchbrochen und hatte belichtende Aufsätze in Sheddach-Form.

hof Wolf in Basel angewandt und ergab an-
schauliche Tonnendächer im Verbund mit
den Wänden. Diese Bauweise wurde auch in
Rheinpreußen verbreitet angewandt.

Der Fußboden in den Güterschuppen bestand aus einer gespundeten Bohlenreihe,
die mittels eines gezimmerten Holzrahmens
auf gemauerten Pfeilern ruhte. So war die
Durchlüftung und damit die Trockenheit des
Lagerraums gewährleistet. Erst als die Gabelstapler und Motorkarren, die eine glatte
Fahrbahn benötigten, eingeführt wurden,
ging man zu betonierten Bodenflächen über.

Es gab Umschlagplätze besonderer Art, so
beispielsweise jene zwischen Schiffen und
Eisenbahngüterwagen. Schon um 1900
stand im Hamburger Hafen für diesen Zweck
ein Dampfkran mit 300 Tonnen Hebevermögen im Dienst. Bei kleineren Güterschuppen,
so beim Budapester Donauufer-Güterbahn-
hof, verwandte man kleinere, etwa mit zwei
bis fünf Tonnen Hebevermögen. Hier standen je vier doppelseitige Güterschuppen
zum Fassen von Stückgütern bzw. von Sack-
gütern zur Verfügung, sie konnten die La-
dung von insgesamt 320 Güterwaggons aufnehmen. Diese Kapazität dürfte dort auch
später kaum übertroffen worden sein.

Ebenfalls charakteristische Anlagen, jedoch

*Eine Ansichtskarte von Lauscha (damals in Sach-
sen-Meiningen, dann Thüringen) aus der Zeit vor
1914, als der Bahnhof noch Endpunkt einer Stich-
bahn war (1914 wurde er umgebaut). Offensichtlich wegen des großen Stückgutverkehrs der Glas-
industrie ließen sich schon damals ausgedehnte
und mehrfach erweiterte Güterschuppen sehen.
Sie liegen auf derselben Seite der Gleisanlagen wie
das Empfangsgebäude.*

Charakteristischer alter Güterschuppen der k.k. priv. Südbahngesellschaft auf ihrem ungarischen Abschnitt im Bahnhof Lövö (Schützen). Wie bei der Österreichischen Südbahn üblich, lag der Güterschuppen gegenüber dem Empfangsgebäude und wurde an dieser Seite von einer eigenen Ladestraße bedient. Diese Bautypen wurden unter Leitung der namhaften Architekten Wilhelm Flattich und Franz Wilhelm geschaffen; erbaut 1865(?), fotografiert 1987.

Güter-Umschlaghalle der Deutschen Reichsbahn. (Aus: Reichsbahn-Kalender)

bautechnisch von den üblichen Güterschuppen höchstens in ihrer inneren Gliederung abweichend, waren die Güterhallen für die Fischereihäfen.

Ein für die Getreideverladung spezifischer Bautyp entwickelte sich in Ungarn, es war ein aus Holzfachwerk gebauter Schuppen, dessen eine Langseite geöffnet war und so die Behandlung des Sackgutes schneller zu gewährleisten schien. Diese Anlagen hatten in der Regel einen Bodenbelag aus Ziegeln.

Zur Beförderung von Tieren dienten nicht nur abgesonderte, eingesäumte Verladeplätze, sondern auch für diesen Zweck erbaute Rampen, die sich den Geschossen der Verschlagwagen anpaßten.

In Großstädten war früher der Kohlenbahnhof mit seinen offenen Ladeflächen, die mit einer niedrigen Seitenmauer gesäumt waren, oft ein beträchtliches Areal.

Es sei hier auch noch bemerkt, daß sich die Behandlung der Güter in England und Frankreich grundsätzlich von derjenigen der deutschen und mitteleuropäischen Eisenbahnen unterschied, indem man anstelle der großen Güterhallen an verkehrsreichen Bahnhöfen mehrere kleinere Schuppen baute, die zwar die Ladetätigkeit ungestört bewältigen konnten, aber einen viel größeren Aufwand für den Verschubdienst bedeuteten.

Hinsichtlich des Standortes des Güterschuppens innerhalb des Bahnhofes kann man lediglich für die kleinen Bahnhöfe allgemein gültige Anordnungen aufführen, dies muß

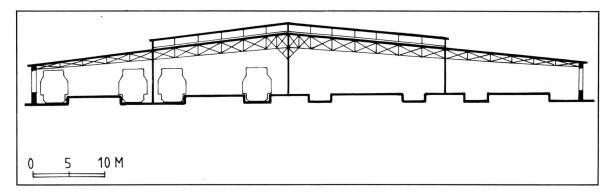

Stückgut-Umladehalle in Seddin, erbaut im Ersten Weltkrieg. Vier Ladebühnen schließen sich je zwei Gleise an. Die Halle ist mit Stahlfachwerk-Bindern über vier Hallenschiffen überdacht.

0   5   10 M

aber geschehen, weil es den architektonischen Anblick der Bahnanlage beeinflußte. Lag das Ladegleis auf der dem Empfangsgebäude entgegengesetzten Seite der Gleisanlage, so hatte dies den Vorteil, daß der Personen- und Güterverkehr prinzipiell eisenbahntechnisch getrennt war, die Ladestraße mußte aber unabhängig vom Straßenanschluß des Personenbahnhofes eingerichtet oder gebaut werden. Solche Anlagen ergaben in der Landschaft im wahrsten Sinne des Wortes einen »Bahn-Hof«. Lag die Güterabfertigung mit Ladebühne, Schuppen, Laderampe an der Seite des Empfangsgebäudes, ergab sich ein kostengünstiger Aufbau, das Ladegleis kam jedoch in den Einsteigebereich der Reisenden. In Ortschaften mit kleinerem Verkehrsaufkommen war dies selbst bei Hauptbahnen oft kein Hindernis. Bemerkenswert ist, daß die Anordnung zumeist den Gepflogenheiten der Bahngesellschaften entsprechend ausfiel: Die Österreichische Südbahn bevorzugte die Anordnung auf entgegengesetzter Seite mit abgesondertem Ladeweg, die Staatsbahn hingegen versperrte

sich nie die mögliche Erweiterung der Gleisanlage und blieb mit allen ihren Bauten auf der Seite des Empfangsgebäudes.

Bei Stadtbahnhöfen war eine Trennung immer zu bevorzugen. Hier mußte man sich aber zumeist, besonders im Fall der Einrichtung nachträglicher Erweiterungen, an die städtebaulichen Möglichkeiten, bei Eisenbahnknotenpunkten an die einmündenden Strecken anpassen. Noch schwierigere und oft sonderbare Anlagen entstanden an Orten, an denen sich die Linien mehrerer Bahngesellschaften trafen und selbstverständlich jede Bahn ihre eigene Güterabfertigungsanlage benötigte. Oft genug auch hatten noch Industrie- und Handelsbetriebe ihre eigenen Schuppen im Anschluß zum Bahngelände. Dies berührt aber bereits ein Thema, das die Beziehung der Eisenbahnen und der Siedlungen zueinander betrifft.

Die Umladeanlagen sind zum Umladen des Stückgutes von einem Güterwagen in einen anderen bestimmt und in der Regel mit Verauch außerhalb der Stadtstruktur unterzubringen, ihr Betrieb ist sozusagen ein eisenbahninternes Verfahren. Sie benötigten große, gedeckte Flächen, weshalb man hier nicht Schuppen, sondern Hallen baute. Der Umladevorgang zwischen den ankommenden und den abzufertigenden Güterwagen geht innerhalb dieser Halle vor sich, was bedeutet, daß die Gleise in die Halle führen. Die Zahl der Gleise war hierbei nicht beschränkt, die Umladehalle ist deshalb bautechnisch gesehen eher eine Industriehalle, die hinsichtlich ihrer Konstruktion stets die bautechnischen Möglichkeiten ausgenützt hat. Ihr Tragwerk ist ein Stahl- oder ein Stahlbeton-Rahmenwerk mit möglichst großen Belichtungsflächen in der Decke. Hier kommen alle im Industriebau angewandten Formen in Betracht.

6. Wärterhäuser und Stellwerkgebäude

Das Streckenwärterhaus

Zu Beginn des Eisenbahnzeitalters fuhren die Züge laut Fahrplan nur bei Tag und nur auf Sicht. Für kurze Verbindungen befriedigte das, auf Fernbahnen jedoch mußte man schon die Strecke und den Zugablauf überwachen: für den Eisenbahnbetrieb der Leipzig-Dresdener Eisenbahn richtete man schon 1842, kurz nach ihrer Eröffnung einen optischen Telegraphen ein. Er erforderte in gewissen Abständen aufgestellte Posten. Auch die Bahnübergänge waren allgemein zu überwachen. Für das Personal an den Strecken baute man Wärterhäuser.

Beim optischen Telegraphen griff man auf eine frühere, im Straßenverkehr schon angewandte Erfindung zurück. Die Franzosen Claude und Ignaz Chappe entwickelten um 1800 einen von ihnen als Semaphor bezeichneten Mast mit Signalflügeln, dessen verschiedene Stellungen – ähnlich dem in der Schiffahrt üblichen Signalcode – zur Weitergabe der für die Fahrsicherung notwendigen Meldungen geeignet war. Der Abstand der Posten sollte innerhalb der Sichtweite bleiben, was aber nicht überall möglich war. Preußen richtete zwischen Berlin und Koblenz 70 Zwischenstationen für Armsignale ein, bedeutende Abschnitte mußten aber mittels berittenen Meldern ausgefüllt werden. Der optische Telegraph war die erste technische Lösung für eine der Eisenbahnstrecke entlang angelegte Meldekette. Später folgten das Läutewerk, der Morse-Apparat, das Telefon und schließlich das Radio. Der optische Telegraph wurde in England und in Frankreich hauptsächlich dazu verwendet, die Bahnhöfe und die Streckenposten von

der Annäherung eines Zuges zu unterrichten. Dies war auch überall für die Bedienung der Straßenschranken notwendig. Bald darauf verwendete man aber, vor allem in Deutschland, diese Einrichtung auch dazu, dem Lokomotivführer die gefahrlose Befahrbarkeit des folgenden Streckenabschnittes zu signalisieren.

Es soll hier ein kurzer Überblick der weiteren technischen Entwicklung im Fahrsicherungswesen folgen. Im Jahre 1836 wurde am Bahnhof Euston der London-Birmingham-Bahn auf Anregung des Ingenieurs Curtis ein fernbedientes Signal eingerichtet. Als Signale bevorzugte man in England kippbare Tafeln, in Deutschland wandte man eher ballförmige Körbe an, mit deren Höhenstellung man dem Lokomotivführer die Notwendigkeit einer Langsamfahrt andeuten oder Haltbefehle übermitteln konnte. Ebenfalls 1836 führte man zwischen Liverpool und Manchester für den Nachtdienst die Körbe, Semaphore und Tafeln vertretende Lichter ein. 1852 gelang es dem Engländer Gregory, eine

Verbindung zwischen den Weichen und den Signalen herzustellen, 1856 konstruierten Saxby und Farmer in England einen Apparat zur Fernbedienung der Weichen: das Stellwerk. In Deutschland wurde das erste Stellwerk im Jahre 1868 im Bahnhof Börßum an der Braunschweiger Eisenbahn errichtet, bereits 1867 wurde ein auswärtiges Produkt in Stettin eingebaut.

Im Jahre 1875 wurde in Deutschland die neue Signalordnung geschaffen. Sie war längst fällig, hatten doch die einzelnen Bahnverwaltungen interessanterweise keineswegs die einheitlicheren Begriffe aus England mit den von dort gelieferten ersten Lokomotiven übernommen, sondern jede ihre eigene eingeführt, wobei für etwa 60 Begriffe fast 700 verschiedene Zeichen verwendet wurden! Daß dies auf Bahnhöfen, die Treffpunkt verschiedenster Gesellschaften waren, beim Ausbau eines sich immer stärker verflechtenden Eisenbahnnetzes irreführend war und unerwünscht schien, lag auf der Hand. Eine nahezu vollkommene Vereinheitlichung konnte bald auch Österreich-Ungarn mit einbeziehen. Zur erwähnten Verständigung auf der Strecke folgte als nächster Schritt die Indienststellung eines Läutewerkes, bereits im Jahre 1847 von Siemens entwickelt. Dies stellt die eigentlich erste Anwendung der Elektrotechnik für das Eisenbahnwesen dar. Ein mechanisches Läutewerk war bereits von der Taunusbahn zwischen Frankfurt und Höchst verwendet worden und der Berliner Uhrmachermeister Leonhardt baute 1846 bis 1847 für den Streckenabschnitt Magdeburg – Bucklau eines, das sich selbst abschaltete. Das Läutewerk wurde vom Fahrdienstleiter des Bahn-

Signalwärterposten vor dem Tunnel bei Preßburg (Strecke Wien – Preßburg – Pest) um 1850, der Unterschlupf für den das Korbsignal betätigenden Wärter ähnelt einem militärischen Schildwachenhaus, ein auf der Hand liegender Anfangsschritt in der Entwicklung der Streckenwärterhäuser. (Die Abbildung ist ein Stich des Nürnberger Künstlers Rohbock, der über Österreich-Ungarn in seinen Bildern reichlich berichtet hat.

Oben rechts: Streckenwärterhaus vor Sopron (Ödenburg) an der Zweiglinie der Wien-Gloggnitzer Bahn. Das 1847 erbaute Gebäude dürfte nach Entwürfen oder nach Anleitung des berühmten Bauingenieurs Mathias Schönerer errichtet worden sein (Bauzustand 1987).

Streckenwärterhaus in bayerischer Ausführung vor dem Burgbergtunnel in Erlangen mit der Bedienung eines beschrankten Bahnübergang.

Wärterhaus am Bahnübergang. In einem kleinen Blumengarten steht der Posten des Schrankenwärters. Zu beachten auch das Läutewerk. (Aus: Reichsbahn-Kalender)

Links oben: Des Streckenwärters Dienstraum und seine Wohnung waren oft in zwei nahe nebeneinandergebaute kleine Wärterhäuser getrennt. Nahe Bad Brambach steht dieses ehemalige Wärterhaus mit einem in einem Holzkasten gefaßten alten sächsischen Läutewerk. (Foto Barche, Plauen, Aufnahme 1981)

Eine idyllische Aufnahme aus dem Reichsbahn-Kalender mit Streckenwärterhaus für Schrankenbetätigung. Hinter dem Wärter das Läutewerk, heute würde man dazu sagen, es sei ein Mikro-Architekturelement.

hofes bei der Abfahrt eines Zuges betätigt, um die Posten an der Strecke, insbesondere die Schrankenwärter zu informieren. Bald wurden die Läutewerke so gebaut, daß man mit ihnen auch zurück signalisieren konnte. Schon bald wurde auch in Deutschland die Morse-Telegraphie eingeführt: 1849 zwischen Hannover und Lehrte. Sie verdrängte den bei Siemens im Versuch stehenden Zeigertelegraphen. Der Morse-Telegraph verband aber lediglich die Bahnstationen miteinander, über die Zugfahrten wurden die Streckenposten auch weiterhin mittels der Läutewerke in Kenntnis gesetzt. Die Läutewerke bestanden auch nach der allgemeinen Einführung der Streckentelefone, so in Deutschland an vielen Strecken bis in das Jahr 1960.

Die erwähnten Häuser für das Streckenwärterpersonal waren anfangs kleine Holzbuden, die lediglich Wetterschutz boten, wie dies auf einem zeitgenössischen Stich beim Signal am Preßburger Tunnel zu sehen ist. Meist baute man für den Wärter einen kleinen Dienstraum. Da die Häuser in der Regel von den Ortschaften weit abgelegen waren, wurde der Wärter nicht unbedingt von seiner Schicht abgelöst, sondern erhielt an der Strecke einen ständigen Wohnsitz, mit Wohnzimmer und Küche neben seinem kleinen Dienstraum. Zuweilen wurde auch der Dachboden für die Schlafräume der Familie zu Kammern ausgebaut. Bei manchen Bahngesellschaften beteiligten sich auch die Familienmitglieder am Dienst, um so mehr als der Wärter – besonders im Dienst an verkehrsarmen Strecken – auch als Streckenläufer eingesetzt wurde. Da der Wärter nun hier wohnte, konnte er in ländlicher Umgebung auf Nebengebäude bald nicht mehr verzichten. Wasserpumpe oder Drehbrunnen, Backofen, Hühnerstall, ja in den heißen Landschaften Ungarns sogar eine strohbedeckte Eisgrube, durften nicht fehlen. Mit einer ansprechenden Umzäunung, mit Blumenbeeten und anwachsendem Baumbestand wurde

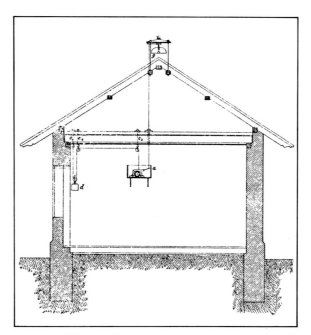

In Österreich-Ungarn war das Läutewerk – im Gegensatz zu den deutschen Bahnverwaltungen, bei denen man eigene Läutewerkeinrichtungen bevorzugte – oft auf das Dach des Streckenwärterhauses gebaut, es prägte auch sein Antlitz.

das Streckenwärterhaus im Zuge der geschilderten eisenbahntechnischen Entwicklung zu einem der charaktervollsten Hochbauten der Bahn.

Neben dem Wärterhaus stand, meist als selbständiger Kastenbau, gezimmert oder mit einer Blechumhüllung versehen, das Läutewerk. In Österreich war es auf das Dach des Wärterhauses montiert.

Das Blockwärterhaus

Jeder in das Streckensystem einbezogene Wärter bildete im Grunde genommen eine Signalstation. Hieraus ging die Möglichkeit einer Aufteilung der Strecke in Blockabschnitte hervor, bereits 1842 dürfte der Eng-

länder W. F. Cooke auf diesen Gedanken gekommen sein. Da die optischen Telegraphen mit ihren Flügelsignalen ursprünglich das Bahnpersonal an der Strecke und im folgendem Bahnhof über eine Zugfahrt zu unterrichten hatten, wurden die Flügelsignale, als sie auch für eine Sperre des nachfolgenden Blockabschnittes Verwendung fanden, bedeutend aufgewertet. In England und Frankreich fuhr man bereits in den vierziger Jahren des vergangenen Jahrhunderts im Raumabstand, es waren zumeist elektrische Zeigerwerke, die dem Wärter angaben, ob die Strecke vor ihm frei oder besetzt war, wobei das Signalzeichen vom vor ihm liegenden Posten aus gestellt werden konnte. War das Ganze zu Anfang eher eine Versuchsanordnung, so dauerte es bis in die siebziger Jahre des vorigen Jahrhunderts, ehe der Streckenblock betriebssicher ausgereift war. Erst im Jahre 1870 führte die Firma Siemens & Halske ihr Blocksignalsystem vor, das dann im Wirtschaftsaufschwung der dem deutsch-französischen Krieg folgenden Gründerzeit bei der KPEV allgemeine Verwendung fand. Die Bemerkung in einem Vortrag von Oberbaurat Hooger – 1914 über die Entwicklung im Eisenbahn-Sicherungswesen gehalten – gibt Aufschluß über die in diesem Bereich einsetzende Ausrüstung der deutschen Eisenbahn mit dem Streckenblock und auch über die damit verbundene und uns hier jetzt interessierende Hochbautätigkeit: 1870 waren laut Hooger Streckenblock-Einrichtungen auf deutschen Eisenbahnen wohl noch nirgends in Gebrauch. 1914 waren es etwa 100000 (!) Blockfelder, die auf deutschen Eisenbahnen in Betrieb genommen worden waren.

Schon im Bahnpolizei-Reglement des Norddeutschen Bundes, gültig ab ersten Januar 1871, steht vorgeschrieben: »Züge ... dürfen einander nur in Stationsdistanz folgen. Nötigenfalls sind zu dem Behufe Signalzwischenstationen anzulegen.« Daraus wurden die Blockstellen an den verkehrsreichen

Bei Kammereck an der Rheinstrecke stand dem Blockwärterhaus kaum ein günstigerer Platz als die Oberkante der Stützmauer zur Verfügung, sie erinnert mit ihren Konturen an die bauliche Welt des Mittelalters. (Aus: Reichsbahn-Kalender)

Blockstellen-Wärterhäuser in deutschen Landen: 1) und 6) an der Rheinstrecke; 3) Rothschönberg in Sachsen; 4) bei Norddeich; 5) Grasdorf und 7) irgendwo in Holstein. Die Bilder sind Fotografien nachgezeichnet. Zwei davon, 1) und 3) zeigen übliche Anordnungen mit einem Zeltdach, wobei zu vermerken ist, daß die Fenster zur seitlichen Aussicht angebracht worden sind. Der Ziegel-Rohbau auf Bild 2) stammt aus der Jugendstilzeit, die verputzten Fassadenmotive deuten auf dessen zweite Phase (um 1910–1914), in der man das sogenannte geometrische Ornament bevorzugte. Das Stellwerk dürfte irgendwo in Norddeutschland gestanden haben. (Im Gegensatz zu den vorherigen ist hier auch ein Frontfenster angebracht.) Einige neuere Bauten aus der Zwischen- und Nachkriegszeit (6) und 7) bzw. 5) weisen ein flaches Dach auf, dies konnte am Rhein mit geschicktem Steinmauerwerk und ovalem Grundriß architektonisch anspruchsvoll ausgebildet in die Landschaft gesetzt werden. Bei keinem der Blockwärterhäuser finden wir den Erker, der bei Bahnhofsstellwerken den mündlichen Kontakt zum Rangierpersonal gewährleistete. Hingegen kommt das Läutewerk mit in das Bild.

Bahnstrecken. Von den früheren Wärterhäusern unterschieden sich ihre Bauten, indem sie zumeist zweigeschossig ausgeführt waren. Im Erdgeschoß war bei den mechanisch bedienten Blocksignalen ein Spannwerk nötig, das alleine einen Raum beanspruchte. Außerdem wollte man für den Blockwärter einen bessere Streckenübersicht gewährleistenden Dienstraum schaffen. Zu Wohnzwecken wurden die Blockwärterhäuser kaum benutzt.

Zur Geschichte des Blockwärterhauses soll noch erwähnt werden, daß bei der Einführung des genannten Streckenblockes technisch bereits seine zugbediente Betätigud möglich gewesen wäre, dies wurde aber noch bis weit in das zwanzigste Jahrhundert abgelehnt.

Mit dem Blocksystem wurde in Hinsicht auf den Hochbau eine weitere Verbindung der Strecke zum Bahnhof geschaffen, galt doch das Bahnhofsstellwerk als der erste Posten des abfahrenden Zuges. Hier werden wir daher auch architektonisch an das Thema Bahnhofs-Wärterhaus anknüpfen. Zuvor sei aber noch berichtet, daß das Blockwärter-

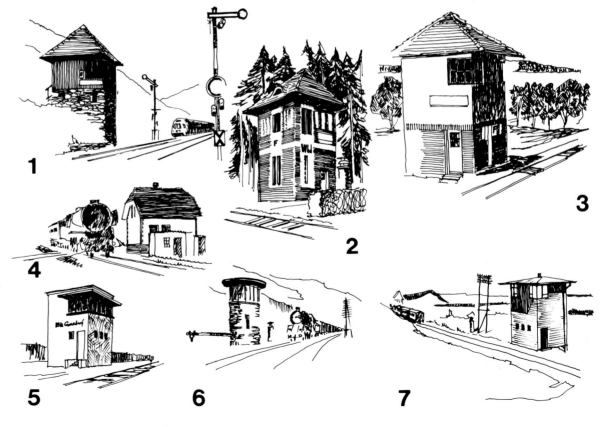

haus, ebenso wie das Streckenwärterhaus, in den vergangenen Jahrzehnten schnell an Bedeutung verlor. Der automatische Block benötigt keine Bedienung und Übersicht der Strecke mehr, die Bahnschranken wurden zum großen Teil durch Brücken und Unterführungen überflüssig, und wo sie noch verblieben, sind sie vom Zug aus fernbedient. Die Strecke wird nicht mehr vom im Wärterhaus lebenden Streckenläufer begangen. Damit verschwindet aus dem Bild der Eisenbahn das jedem vertraute Streckenwärterhaus.

Man sollte sich bemühen, einige dieser Bauten wenigstens als Denkmäler zu erhalten. Sie prägten ja seit Anfang des Eisenbahnzeitalters auch unsere Landschaft.

Die Stellwerkgebäude

Fast gleichzeitig mit der Ausbildung der Blockeinrichtung vollzog sich die Entwicklung der Stellwerksanlagen innerhalb des Bahnhofes. Sie bedienten Signale und Weichen eines Stationsbereiches und sicherten Fahrstraßen. Durch einen Erlaß vom 21. Dezember 1873 wurde in Deutschland zum ersten Male die Einführung von Sicherheitsvorrichtungen gefordert, die die Stellung der Einfahrtsignale in eine gegenseitige Abhängigkeit bringen. Aber erst im Jahre 1885 ist diese Bestimmung in das Bahnpolizei-Reglement aufgenommen worden.

Von mechanischen Stellwerken aus wurden Weichen und Signale mittels Drahtzügen bedient. Diesem Zweck entsprechend enthielt das Gebäude im Obergeschoß einen Stellwerksraum mit der Hebelbank und dem Blockwerk. Mit den Hebeln stellte der Wärter Weichen und Signale, das Blockwerk sicherte die Fahrstraße mit elektromagnetischer Verriegelung. In diesem Obergeschoß verrichtete der Stellwerkswärter – bei größeren Anlagen mehrere Wärter – seinen Dienst. Im Untergeschoß war das Spannwerk aufge-

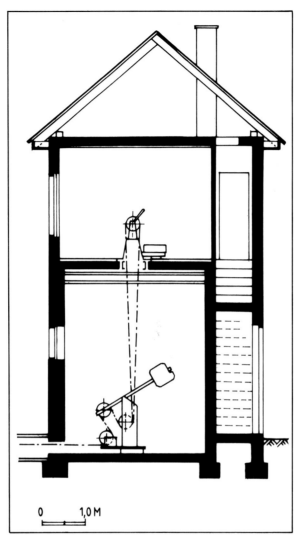

Schnitt durch ein Wärterhaus für ein mechanisches Stellwerk mit Spannwerk. Diese Gebäude werden auch Stellwerktürme genannt. (Nach R. Spröggel: Hochbauten der Eisenbahn)

stellt. Dieses wurde notwendig, da seit Ende der siebziger Jahre des vorigen Jahrhunderts anstelle des einfachen Signaldrahtzuges, vornehmlich bei den deutschen Eisenbahnen, die vollkommenere Art des doppel-

ten Drahtzuges zur Bedienung von Signalen und Weichen eingeführt wurde. Sie war mit den Spannwerken zum Ausgleich von Drahtlängen-Änderungen geeignet. Ihre bautechnische Folge war – wie bereits beim Streckenblock erwähnt – die allgemein angewandte zweigeschossige Anlage.

Oft war das Stellwerkgebäude im Untergeschoß aus Mauerwerk und im Obergeschoß aus Holz-Fachwerk erbaut, dies in erster Linie nach englischem Muster bei den Württembergischen und den Badischen Staatseisenbahnen, aber auch bei anderen Länderbahnen. Das Fachwerk bot die auf der Hand liegende Möglichkeit zu großen Fensteröffnungen, die den erforderlichen Überblick über das zu bedienende Gleisfeld gewährleisteten. Der architektonisch ansprechende Charakter dieser Bauten wurde auch durch die offene Außentreppe geprägt. Die bauliche Vereinheitlichung setzte dabei der Gebäudelänge keine Grenzen, diese wurde der Größe des Stellwerkes angepaßt.

Den nächsten, auch für die Anordnung und Ausbildung der Stellwerkhochbauten ausschlaggebenden Schritt stellt das Kraftstellwerk dar. Das erste wurde von der KPEV bereits 1896 im Berliner Bahnhof Westend in Betrieb genommen, zu einem Zeitpunkt also, als noch nicht einmal die erst 1901 verwirklichte Vereinheitlichung des mechanischen Stellwerkes vollzogen werden konnte. Im Bahnhof Westend handelte es sich dabei um ein von Siemens & Halske entwickeltes elektromechanisches Stellwerk. Um 1900 wurde auch noch eine andere Art des Kraftstellwerkes – das sich trotz Vorteilen und anfänglich weiter Verbreitung letztendlich nicht durchsetzen konnte – eingeführt: das Druckluftstellwerk. Von der Firma Stahmer nach dem System Westinghouse erbaut, stand das erste 1903 im Bahnhof Cottbus. Weitere dieser Art folgten bald in Worms, Myslowitz und Wanne. Ein anderes mit niedrigerem Luftdruck betätigtes, bereits 1900 in Düsseldorf-Bilk. Die Kraftstellwerke bedienten die Wei-

»Innenarchitektur« eines mechanischen Stellwerk-Wärterhauses. Im Vordergrund die Hebelbank, hinten das Blockwerk. Aufnahme aus der Zwischenkriegszeit. Die damals üblichen Fenster und das Stellwerk selbst behindern teilweise die damals noch wichtige Übersicht des Gleisfeldes. (Aus: Reichsbahn-Kalender)

Der berühmte württembergische Maler Hermann Pleuer (1863–1911) bildete des öfteren den Betrieb im Stuttgarter Hauptbahnhof ab. Auf einem mit dem Titel »Abend« bezeichneten Gemälde von 1908 ist ein Stellwerkgebäude des Stuttgarter Hauptbahnhofes zu sehen. Das Bild wurde noch im selben Jahr auf der Secessionsausstellung in München und 1909 in New York gezeigt. Es dauerte wohl noch mehr als ein halbes Jahrhundert, bis der architektonische Wert solcher Zweckbauten nicht nur den Künstler faszinierte. (Aus: Pleuer und die Eisenbahn, Aalen 1978)

Das Eckfenster bietet seitliche Aussicht aus dem Stellwerk-Wärterhaus. (Aus: Reichsbahn-Kalender)

Stellwerk Calw. Bau der einstigen Württembergischen Staatseisenbahn. Charakteristisch sind Bretterverschalung und Außentreppe. (Foto: Harald Knauer, 1987)

Stellwerk Heilbronn Süd. Wärterhaus mit gemauertem Sockel und bretterverschaltem Aufbau, Bauzustand 1986. Die Außentreppe ist links am Bau zu sehen. (Aufnahme: Harald Knauer)

Als die Altenberger Strecke von der ehemaligen Sächsischen Schmalspurbahn zu einer Vollbahn der Reichsbahn wurde, herrschte in dieser Größenordnung in der Baukunst ein niedlicher Heimatstil. Dieser erfaßte auch die Stellwerkgebäude. (Aufnahme: Reiner Preuß, 1982)

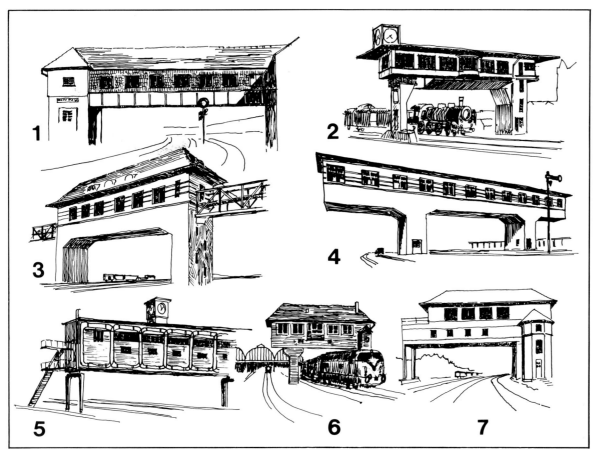

Bedeutung. Es war nun möglich, die Stellwerke zwischen die Gleise und erstmals
auch über die Gleise zu stellen. Damit ergab
sich die Möglichkeit, brückenartige Reiterstellwerke auf großen Bahnhöfen zu bauen.
Bei beschränktem Raum zwischen den Gleisen konnten auch sogenannte Auskragestell-
werkhäuser in pilzartiger Form errichtet
werden, auch solche, bei denen sich der seitliche Unterbau des Dienstraumes einseitig
über die Gleise lehnte. Bei kleineren Anlagen
blieb das mechanische Stellwerk aber auch
weiterhin in Betrieb.

Bei kleineren Durchgangsstationen hielt sich
der Fahrdienstleiter im Zeitalter der mechanischen Stellwerkstechnik in seinem, im
Empfangsgebäude im Anschluß an die Tele-
graphenverbindung und die üblichen Dienst-
lokale untergebrachten Büro auf. Diese Befehlsstelle stand durch ein Läutewerk und
elektrische Anzeigen in Verbindung zu den
Stellwerken, die an den Bahnhofsenden im
Entfernungsbereich der mittels Drahtzug zu
bedienenden Signale und Weichen standen.
Bei großen Bahnhöfen gab es mehrere Stellwerke, die – wie erwähnt – für den Stations-
bereich teilweise auch die Rolle des Blockes
vertraten. Bei Kraftstellwerken konnte man
von einem einzigen zentralen Stellwerk aus
die Fahrstraßen einstellen, Signale und Weichen bedienen. Hierfür eignete sich bei den
großen Bahnhöfen besonders das Reiterstellwerk: es gewährleistete gute Aussicht
und Übersicht. Sein Standort war nicht mehr
nur von der Entfernung der zu bedienenden
Einrichtungen bestimmt, viel eher wurde es
von der erwähnten Übersicht beeinflußt. In
diesem Sinne baute man schon im Jahre
1904 ein elektrisches Siemens-Kraftwerk in
das Reiterstellwerk von Kattowitz ein. Mit
seinem sich an die Signalbrücke anlehnen-
den Aufbau aus Eisenfachwerk mit Steinbe-
lag ist es ein wahres architektonisches
Kunstwerk. Architektonisch weniger ansprechend wurde jenes in Hagen im Jahre 1911
gebaut. Das Stellwerk am Leipziger Bahnhof,

*Reiterstellwerke, fotografischen Darstellungen
nachgezeichnet: 1 Hagen-Eckesey: ohne architektonischen Anspruch über die Gleise geführtes
Bahnhofs-Stellwerkgebäude; 2 Erfurt: Stellwerk
des Personenbahnhofes als Abschluß der vor dem
Ersten Weltkrieg begonnenen, aber erst Ende der
zwanziger Jahre beendeten großzügigen Umbauarbeiten. Die anspruchsvolle Architektur aus
der Zeit des frühen Funktionalismus verdeutlicht
der Stahlbetonrahmen, es ist ein Meisterwerk der
Zweckbaukunst; 3 Königsberg Ost: mit der Signalbrücke verbundener konventioneller Bau, 1928; 4
Königsberg West: mit viel Phantasie errichteter
Bau, 1928 (beide aus Bufe: West- und Ostpreu-
ßen); 5 Stendal: Stellwerkgebäude mit zur architektonischen Zierde erhobenem, geschweißtem
Stahltragwerk. Auch die Details, wie Erker und
Treppe, Fenster und Gesims sind ohne Verletzung
der Zweckmäßigkeit ausgewogen künstlerisch. Im*

*deutschen Stellwerkgebäude-Bau dürfte es den Hö-
hepunkt der Zwischenkriegszeit bedeutet haben;
6 Kiel Hbf: Hier wurde die norddeutsche Back-
steinfassade auf einen Zweckbau des 20. Jahrhunderts geschickt übertragen; 7 Holzminden: eine
rein zweckmäßige, gut ausgewogene übliche Anordnung.*

chen und Signale mittels elektrischer bzw.
Druckluftleitungen. Bei den bis heute angewandten elektromechanischen Stellwerken
erfolgt der Verschluß der Sicherung dabei
mechanisch. Es entfiel das Spannwerk, und
auch die für Drahtzüge höchstmögliche Be-
dienungsentfernung von 400 Meter bei Weichen und 1200 Meter bei Signalen verlor ihre

bereits 1911 errichtet, war jedoch selbst in seiner Plumpheit sehr ansprechend.

Das Kraftstellwerk benötigte anstelle der entfallenden Spannwerkkammer Räumlichkeiten für die elektrischen oder pneumatischen Anlagen. Ein Schaltraum für die Kabeleinführungen, die Magnetschalter, Schalttafeln und Gleichrichter liegt nahe zum Stellwerksraum. Der Sammlerraum diente zur reihenweisen Aufstellung der Batterien, ein anderer beherbergte das Notstromaggregat, das einen Verbrennungsmotor besaß, er mußte dessen Wartung zulassen. Für die Relais baute man allmählich den Ansprüchen der elektrotechnischen Entwicklung gerecht werdende Räume mit Heizung und Klimatisierung, auch mußte für Staubfreiheit gesorgt werden. Gegebenenfalls mußte für den Signalwerkführer ein Raum vorgesehen werden, auch ein Lampenraum für die Aufbewahrung der Weichen- und Signallaternen war erforderlich. Nicht zuletzt mußte im Anschluß an den Stellwerkraum – dies war auch schon bei den mechanischen Anlagen erforderlich – für das Personal für Nebenräume gesorgt werden. Schon sehr früh ist man auf innenliegende Treppen übergegangen.

Die Stellwerkgebäude für die mechanischen

Elektrisches Kraftstellwerk aus dem Bahnhof Kattowitz, die Einrichtung ist von Siemens 1904 erbaut worden. Das Fachwerkgebäude aus Stahl, mit ausfüllenden Mauern auf der Signalbrücke, ist nicht nur eisenbahngeschichtlich interessant, es ist zugleich auch ein kleines Meisterwerk, das die Architekturgeschichte verzeichnen sollte.

Elektrisches Kraftstellwerk auf dem Bahnhof Leipzig. Einrichtung erbaut von Siemens 1911. Es diente kaum zwei Jahrzehnte dem Verkehr und wurde dann durch einen Neubau, der zwischen den Gleisen steht und beiderseitig auskragt, er-setzt. Das zweite Foto zeigt den Abbruch des 1911 erbauten alten Stellwerkgebäudes kurz nach Inbetriebnahme des neuen. (Foto: Bildstelle RBD Halle, Sammlung R. Preuß)

und die Kraftstellwerke prägten das Bahnhofsbild für mehr als ein halbes Jahrhundert, nämlich der ersten Hälfte des zwanzigsten. Dabei waren außer den bahntechnischen Anforderungen verschiedene Bauarten der einzelnen Bahnverwaltungen ausschlaggebend. Die meisten Bahnverwaltungen entwarfen vereinheitlichte Stellwerkgebäude. Bei den deutschen Bahnen griff die Neigung, die Streckenwärterhäuser im sogenannten Heimatstil zu bauen, auch auf die Stellwerkhäuser der Bahnstationen über. Dies kam in den hohen, dachziegelverkleideten, wohnhausähnlichen Dachformen zum Ausdruck. Mit dem Flachdach setzte sich aber dann vielerorts ein dem Funktionalismus angepaßter Zweckbau durch.

Der Stahlbau zog mit den Signalbrücken in den Stellwerkbau ein, zuerst mit den üblichen Formen der genieteten Verbindungen. Dann folgte der Stahlbeton. Ein schönes, bereits klassisches Beispiel dürfte jenes am Hauptbahnhof von Mailand sein, es wurde neben eine der größten eisernen Bahnhofshallen gestellt. Moderner und großzügiger war das fast gleichzeitig errichtete Stellwerk im Erfurter Personenbahnhof. Die verschweißten Stahlkonstruktionen hingegen waren eine deutsche Errungenschaft; das schönste Beispiel für eine gleichzeitig architektonisch anspruchsvolle Ausführung dürfte jene in Stendal gewesen sein. Beton und moderner Stahlbau blieben bis heute für diesen Zweckbau bestimmend. Außerdem sind die nunmehr eisenbahntechnisch eigentlich überflüssigen, dennoch einwandfrei angeordneten Fensterflächen Musterbeispiele für moderne Glastechnik.

Die Stellwerke für besondere Aufgaben, so die Rangierstellwerke und die Ablaufstellwerke, unterscheiden sich hinsichtlich der besprochenen architektonischen und bautechnischen Aspekte von den Bahnhofsstellwerken nur aufgrund ihres Standortes und dem aus der Aufgabe resultierenden Raumbedarf.

Es ist ein nicht zu unterschätzendes Verdienst der Architekten und Baumeister aller deutschen Eisenbahnen, besonders aber der ehemaligen Reichsbahngesellschaft und später der Bundesbahn gewesen, daß sie im Zweckbau Wärterhaus fast immer die Aufgabe einer Anpassung an die Umgebung, sei es die Stadt oder der Landschaftsbereich, wahrgenommen haben und sich fast immer bemühten, ein wahres Schmuckwerk zu schaffen.

Die letzte Stufe der Entwicklung ist das heutige Stellwerkgebäude. Es gibt hier einen Nachkommen der zumeist abgetragenen früheren Bauten, der der heutigen elektrischen und elektronischen Bedienung der Fahrsicherung entspricht und dieser Technik auch

Bahnhofsstellwerkgebäude in Köln-Kalk, erbaut um 1910; auf dem Bild der Zustand nach der Restaurierung. (Foto: Stadt Köln, Rheinisches Bildarchiv)

Das Bahnhofsstellwerk-Wärterhaus, so wie es bei den mechanischen Stellwerken oder den von diesem System übernommenen Bauten von der Jahrhundertwende bis in die sechziger Jahre hinein bei der Bundesbahn, bei der Reichsbahn oder in Österreich an jedem bedeutenderen Bahnhof zu sehen war. Mit flachem oder steilem Dach, mit verputzten oder mit Rohstein verblendeten Mauern oder in Fachwerk errichtet, überall ist das markanteste Merkmal der stockhohe Bedienungsraum zur Gleisübersicht, mit gebührend großen Fensterflächen. Es ergibt sich eine vielfältige, bisher kaum gewürdigte, nur einfach zur Kenntnis genommene Architektur, die erst jetzt Aufsehen erregen wird, weil dieser Bau mit der modernen Technik plötzlich verschwindet. 1 Gerolstein (umgebautes Stellwerkhaus); 2 Rendsburg, ansprechend stilisiertes Gebäude im Heimatstil; 3 Duisburg-Hamborn; 4 Hamm; 5 Frankenberg; 6 Lehrte; 7 Pöchlarn (Österreichische Westbahn, Bau der k.k. Staatsbahn); 8 Hermeskeil, typischer Bau der vierziger Jahre; 9 Ilberstedt mit Jugendstildekoration, die von der Bahnhofstafel teilweise verdeckt ist; 10 Cochem und 11 Uhlstädt. (Nachgezeichnete Fotografien)

architektonisch Ausdruck verleiht. Bei kaum einem anderen Eisenbahn-Zweckbau kommt das so schön zur Geltung. Als bisherige Endstufe ist im Stellwerkbetrieb eine Zentralisierung ermöglicht worden, die die Zusammenlegung der Befehlsstelle und des Stellwerkes auch bei großen Bahnhofanlagen auf engstem Raum gewährleistet. Dazu genügt bei kleineren und mittleren Bahnhofsgrößen ein kleines Stellpult in Form eines Tischgerätes.

Aus den Stellwerkturm genannten stockhohen Wärterhäusern bietet sich dem Personal ein guter Überblick über das Gleisfeld. Ansicht des Bahnhofes Selztal um 1929. In der Bildmitte, hinter der Lokomotive, ist ein weiterer charakteristischer Zweckbau zu sehen, das Pumpenhaus. Dahinter, in der Abbildung schon klein ausgefallen, ein weiteres Stellwerkgebäude für die Rangiergleisgruppe.

Zusammen mit dem neuen Hauptbahnhof errichtete man 1931 in Mailand zwei mächtige zweigeschossige Reiterstellwerkgebäude für Kraftstellwerke. Im unteren Raum waren die Schaltapparate untergebracht, die Weichen und Signalbetätigung erfolgte von oben. Abgebildet ist die »Cabina B«, die »Cabina C« trägt in ihrer Mittelachse eine mächtige Uhr am Gesims. An der auch künstlerisch hochwertigen Architekturkomposition mit beiderseitigen Auskragungen ist das Stahlbetonskelett abzulesen, besonders auch noch die großen Glasflächen zu würdigen. Es dürfte eine der ansprechendsten Baugestaltungen dieser Baugattung gewesen sein, sie besteht heute noch. (Foto: FS)

Das sogenannte Gleisbildstellwerk gibt dem Fahrdienstleiter mit elektrischen Rückmeldelichtern, Bildern, Farben und Zahlen die Übersicht am Gerät, der für frühere Stellwerkbauten ausschlaggebend gewesene Überblick über die Gleisanlagen ist damit eigentlich überflüssig geworden. Dennoch hat

Gebäude für ein sogenanntes zentrales Stellwerk im Hauptbahnhof München, Baujahr 1964. (Aufnahme 1988)

Kleine graphische Apotheose der modernen Stellwerkbauten, jenes Zweckbaues, der in letzter Zeit die eigenartigste und dabei hochwertigste Architektur an den Schienenstrang setzen konnte. Von links nach rechts: Geislingen (Steige), Köln-Ehrenfeld, das bereits 1957 errichtete Zentralstellwerk Frankfurt am Main, das in architektonischer Hinsicht beispielgebend für die zeitlich darauffolgenden war; Hameln (um 1980 entstanden), Innenansicht des Zentralstellwerkes Würzburg und ein modernes Stellwerk aus der DDR: Dresden.

man selbst bei modernen Anlagen auf diesen Bahnhofsausblick nicht vollkommen verzichtet. Ja es wurden sogar das Aussehen der neuen Stellwerkbauten weitgehend beeinflussende bauliche Maßnahmen getroffen, die auch die Sicht verbessern. Eine dieser Maßnahmen ist die Anwendung geneigter Fensterflächen, womit eine Rückspiegelung der Inneneinrichtungen vermieden und eine klare Nachtsicht gewärleistet werden kann.

Man baut heute fast ausschließlich hohe, am Befehlsstand breit verglaste Stellwerktürme, deren Stelltische oft außer dem Bahnhofsbereich auch noch bedeutende Streckenteile überwachen und bedienen. Als ihre architektonischen Muster können in Deutschland Frankfurt und München gelten, infolge der raschen Entwicklung der Elektrotechnik sind beide gleichzeitig bereits Werke der neuesten Architekturgeschichte.

Literatur- und Quellenverzeichnis

Kapitel 1 – Der Hallenbau aus Holz

Der anfängliche Eisenbahn-Hallenbau aus Holz ist mit entsprechenden Beispielen in den Konstruktionslehrbüchern von **O. Warth: Die Konstruktionen in Holz** (Breymann Baukonstruktionslehre), Gebhardts Verlag, Leipzig 1900; **Franz Trysna: Hölzerne Dach- und Hallenbauten,** Berlin 1954, zugänglich. Für die »Ingenieur-Baukunst« ist **Th. Gesteschi: Hölzerne Dachkonstruktionen,** Wilhelm Ernst und Sohn, Berlin 1923, ein Werk aus der Zeit vom Bau bezeichnender Konstruktionen.

Das Lebenswerk von Eisenlohr wird in **Friedericiana,** Zeitschrift der Universität Karlsruhe, Heft 18: *Architekten der Friedericiana, Skizzen und Entwürfe seit Friedrich Weinbrenner* behandelt. Die Dissertation vorgelegt von **Johannes Spallek: Alexis de Chateauneuf und William Lindley** an der Universität Hamburg 1978, befaßt sich mit dem Entstehen der Bahnhofshalle in Hamburg. Die Bahnhofsbauten der Hannoverschen Staatsbahn sind in der **Allgemeinen Bauzeitung, Jg. XVI (1851)**, vorgeführt, hier trifft man außer den in diesem Kapitel behandelten Bahnsteighallen auch Güterschuppen, Lokomotivschuppen und weitere Zweckbauten an. **Heinz Schomann: Der Frankfurter Hauptbahnhof,** DVA, Stuttgart 1983, beschreibt die alten Frankfurter Bahnhofshallen. Der Bahnhof Lindau kommt in der **Allgemeinen Bauzeitung Jg. XX (1855)** vor. Der erste Stuttgarter Bahnhof wird in dem Buch **Stefan Hammer – Rolf Arbogast: Alte Bahnhöfe in Württemberg,** Edition Erdmann, K. Thienemanns Verlag, Stuttgart 1987, beschrieben. Mit dem Neuen befaßt sich **Matthias Roser: Der Stuttgarter Hauptbahnhof, ein vergessenes Meisterwerk der Architektur,** Stuttgart, O.A.. Viele der frühen Holzhallen werden auch im dreibändigen Werk **M. Berger: Historische Bahnhofsbauten** transpress, Berlin, 1980–1988 wiedergegeben.

Die österreichischen Südbahn-Hallen aus Holz – und viele andere Eisenbahnhallen und Zweckbauten – werden in dem Atlas **Wilhelm Flattich und Franz Wilhelm: Der Eisenbahn-Hochbau in seiner Durchführung auf den Linien der k.k. priv. Südbahn-Gesellschaft,** Wien 1873–1877, veröffentlicht. Auch die **Allgemeine Bauzeitung Jg. XXXV (1870)**, befaßt sich mit einigen von ihnen.

Die Aufzählung der Schweizer Holzhallenbauten erfolgte aufgrund des Buches **Werner Stutz: Bahnhöfe der Schweiz,** Zürich und Schwäbisch Hall 1983. Die alten Holzhallen von Basel sind in dem Werk **F. Kunz, A. Bucher, C. Fingerhuth: Der Bahnhof Europas, 125 Jahre Centralbahnhof Basel,** Basel 1985, enthalten. Schöne Bilder des alten Berner Bahnhofes befinden sich in dem Werk **Das war der alte Bahnhof,** Benteli, Bern 1974. Eine Übersicht der Schweizer Bahnhofsbauten bietet auch das Jubiläumswerk **Ein Jahrhundert Schweizer Bahnen,** Frauenfeld 1847, im Abschnitt III des zweiten Bandes.

Kapitel 2 – Die Bahnhofshallen aus Stahl

Die Entwicklung des Eisen- und Stahl-Hallenbaues weist eine weitverzweigte Literatur auf, es soll stellvertretend für sie von den älteren Werken **O. Königer: Die Konstruktionen in Eisen,** (Breymann Baukonstruktionslehre), Gebhardts Verlag, Leipzig 1900, empfohlen werden. Im reich illustrierten Werk **H. Jordan - E. Michel: Die künstlerische Gestaltung von Eisenkonstruktionen,** Carl Heymanns Verlag, Berlin 1913, erscheinen viele der deutschen Bahnhofshallen in Wort und Bild. Im **Handbuch der Architektur** (Gebhardts Verlag Leipzig, 1911), Vierter Teil, 2. Halbband, 4. Heft – welches einen stattlichen Band ausmacht – befaßt sich **Dr. E. Schmidt** im Teil B. Bahnsteigüberdachungen im Kapitel 16 (S. 324-388) mit den **Bahnsteighallen.** Da zu dieser Zeit der Bau von Bahnsteighallen praktisch nahezu abgeschlossen war, kann dieses Werk als die maßgeblichste zeitgenössische Fachliteratur bezeichnet werden. In der **Röll-Enzyclopädie** steht das Stichwort »Hallen« zum Thema. Besonders hervorzuheben ist aus den neuesten Arbeiten die geschichtliche Betrachtung **Christian Schädlich: Der Baustoff Eisen als Grundlage für die Herausbildung qualitativ neuer Baukonstruktionen im 19. Jahrhundert** (in: Natürliche Konstruktionen – Leichtbau in Architektur und Natur, Universität Stuttgart und Tübingen). Der Hallenbau ist hinsichtlich der Konstruktion mit dem im Brückenbau verwendeten Eisen- und Stahlmaterial eng verbunden, da gibt der Abschnitt »Eisenbahn-Brückenbau« des Jubiläumswerkes **Hundert Jahre deutsche Eisenbahnen,** Leipzig 1938, einen guten Überblick. Das **Stahlbau-Handbuch** (letzte Ausgabe Köln, 1985) widmet ein besonderes Kapitel den **Bahnsteighallen und Bahnsteigüberda-**

chungen für Personenbahnhöfe, verfaßt von K. Edmann.

Die Geschichte der Berliner Bahnhöfe und damit auch ihrer Bahnhofshallen ist gründlich aufgearbeitet. Als Hauptwerk dürfte **Berlin und seine Eisenbahnen I – II,** Springer, Berlin 1896, betrachtet werden. Eine Zusammenfassung bietet in **Manfred Berger: Historische Bahnhofsbauten,** transpress, Berlin 1980, der Abschnitt II Preußische Eisenbahnen. Unbestritten das gründlichste Werk auf diesem Gebiet ist **Ulrich Krings: Bahnhofsarchitektur,** Prestel-Verlag München 1985. Es trägt den Untertitel »Deutsche Großstadtbahnhöfe des Historismus« und behandelt die sieben großen Berliner Fernbahnhöfe und ihre Hallen nicht nur ausführlich, sondern gibt dazu auch eine wertende Kritik, manchmal nicht nur aus heutiger Sicht, sondern auch mittels zeitgenössischer zuständiger Zitate, die damalige Auffassung vorführend. **Alfred B. Gottwaldt** veröffentlicht laufend in Einzelbänden die Geschichte der Berliner Bahnhöfe **Berliner Fernbahnhöfe – Erinnerungen an ihre große Zeit,** Alba, Düsseldorf 1982 und 1987; **Der Anhalter Bahnhof und seine Lokomotiven,** Alba, Düsseldorf 1986 und **Berlin, Bahnhof Zoo,** Alba, Düsseldorf 1988.

Auch die Hauptbahnhöfe in Bremen, Dresden, Frankfurt, Hamburg, Köln, München wie auch die Berliner Bahnhöfe werden in Ulrich Krings oben zitiertem Werk ausführlich besprochen. Hinsichtlich Dresden sei neuerlich auf das weiter oben zitierte Werk Bergers verwiesen. Dem Frankfurter Hauptbahnhof ist das Buch **Heinz Schomann: Der Frankfurter Hauptbahnhof,** Stuttgart 1983, gewidmet. Es sind auch die Wettbewerbsentwürfe zum Hauptbahnhof samt ihren Hallenkonstruktionen vorgeführt. Der kleine Band **Karl Zimmermann: Bahnhof geliebt und erforscht, Frankfurt 1954,** befaßt sich eingehend mit der Geschichte des Frankfurter Hauptbahnhofes. Ulrich Krings veröffentlichte bereits 1977 sein Werk **Der Kölner**

Hauptbahnhof. Es ist als Ausgabe des Landeskonservators Rheinland erschienen und deutet damit nachdrücklich darauf, daß Bahnhofsbauten und Bahnhofshallen dieser Art Denkmäler sind. Die Entstehung des **Leipziger Hauptbahnhofes** wurde von einem Autorenkollektiv in **Die Umgestaltung der Leipziger Bahnanlagen,** Berlin 1922, bearbeitet; samt Wiederaufbau erscheint sie in dem Werk **Schuchardt, Albert G.: 50 Jahre Leipziger Hauptbahnhof,** transpress, Berlin 1965. Die »Einsteigehalle« der **Bayerischen Ostbahn** in München wird in der **Allgemeinen Bauzeitung, Jg. XXXIII (1868)** vorgeführt. Die Geschichte des **Stuttgarter »Neuen« Bahnhofes** aus dem Jahre 1867 wird in der **Allgemeinen Bauzeitung, Jg. XXXIII (1867),** besprochen, er erscheint auch in einem eigenen Kapitel des Buches **Alte Bahnhöfe in Württemberg,** Edition Erdmann in K. Thienemanns Verlag, Stuttgart 1987. Über die Bahnhofshallenanlage in **Darmstadt** Hauptbahnhof und auch über die anfänglichen Bauten in Darmstadt berichtet die Ausgabe **Karl Assmann – Wolfgang Bleiweis: Eisenbahnknoten Darmstadt im Wandel der Zeiten,** Roßdörfer Eisenbahn Club e. V. Roßdorf 1987.

Die Bahnhofshallen in Wien wurden im zweiten Band des Standardwerkes über österreichische und ungarische Eisenbahngeschichte **Hermann Strach: Geschichte der Eisenbahnen der Österreichisch-Ungarischen Monarchie,** I-IV, Wien, Teschen und Leipzig 1898, im Kapitel **Hartwig Fischel: Hochbau,** veröffentlicht. **Werner Stutz, Bahnhöfe der Schweiz,** Orell Füssli-Verlag, 1983, gibt nach einer tiefgreifenden Analyse der Eisenbahn-Hochbaugeschichte mit Konsequenzen auf den aktuellen Denkmalschutz einen katalogartigen Überblick über Schweizer Bahnhöfe und ihre Hallen. Es ist neben Krings erwähntem Buch das gründlichste Werk im Themenkreis. **M. Kubinszky: Bahnhöfe in Österreich,** Verlag Slezak,

Wien 1986, gibt neuerlich eine Übersicht. **M. Kubinszky: Alte Bahnhöfe in Ungarn,** Corvina-Verlag, Budapest 1985, behandelt die Budapester Bahnhöfe.

Die zeitgenössischen Bauzeitschriften, in erster Linie die **Zeitschrift für Bauwesen,** die **Allgemeine Bauzeitung** und das **Centralblatt der Bauverwaltung,** berichteten im vergangenen Jahrhundert laufend über neue Hallenbauten.

Der erwähnte **Carroll L. V. Meeks** war mit seinem Buch **The railway station – An architectural History,** London, New Haven 1957, bahnbrechend in der Aufarbeitung der Bahnhofsgebäude als Architekturhistorie, Zweckbauten behandelte er darin nicht.

Kapitel 3 – Das Bahnsteigdach

Im **Handbuch der Architektur,** Vierter Teil, 2. Halbband, 4. Heft – das bereits erwähnt wurde – befaßt sich Dr. E. Schmidt im Teil B. Bahnsteigüberdachungen im 15. Kapitel (S. 283 – 327) mit den **Bahnsteigdächern.** Das Jubiläumswerk **Ein Jahrhundert Schweizer Bahnen,** Frauenfeld, 1947, behandelt im Band II, Abschnitt III, die Hochbauten, darunter ausführlich die Bahnsteigdächer. Auch das im Kapitel 2 erwähnte Werk **Jordan - Michel: Die künstlerische Gestaltung von Eisenkonstruktionen** befaßt sich mit Bahnsteigdächern.

Kapitel 4 – Der Lokomotivschuppen

In den bedeutenden Eisenbahnlexika **Röll: Enzyclopädie des Gesamten Eisenbahnwesens,** Wien 1890 – 1895, und in der Neubearbeitung **Röll: Enzyclopädie des Eisenbahnwesens,** Berlin 1912 – 1923, sind die Bauten des Betriebsdienstes unter den Stichwörtern Lokomotivschuppen und Wasserstationen ausführlich behandelt und mit guten Beispielen illustriert. In der Sammlung

Göschen erschien **C. Schwab: Hochbauten der Bahnhöfe,** Leipzig 1911, dessen Kapitel **Lokomotivschuppen** eine treffende und ebenfalls gut illustrierte Zusammenfassung bietet. Das hinsichtlich des Lokomotivschuppendienstes umfassendste Werk **Peter Koehler und Wolfgang List: Das Bahnbetriebswerk zur Dampflokzeit,** transpress, Berlin 1987, gibt auch guten Aufschluß zur Geschichte des Hochbaues. Die Drehscheibe ist im Lexikon **Erich Preuß, Reiner Preuß: Erfinder und Erfindungen,** transpress, Berlin 1986, gebührend behandelt.

Die **Zeitschrift für Bauwesen,** die **Allgemeine Bauzeitung** und das **Centralblatt der Bauverwaltung** berichteten gelegentlich über Neubauten. Hierzu Angaben bei den Bildunterschriften.

Kapitel 5 – Der Güterschuppen

In den beiden Ausgaben der Röllschen **Enzyclopädie des Eisenbahnwesens** wird unter den Titeln **Güterschuppen** und **Umladehallen** über diesen Zweckbau berichtet. Auch das in der Sammlung Göschen erschienene Buch von **C. Schwab** führt ein gut illustriertes Kapitel über die **Güterschuppen.** (Bibliographische Angaben siehe beim Abschnitt Lokomotivschuppen.)

Das Thema ist ausführlich in jedem Bericht über Bahnhofsbauten behandelt. So sind im Buch **Rolf Bayer – Gerd Sobek: Der Bayerische Bahnhof in Leipzig,** transpress, Berlin 1985, auch die Betriebsbauten, unter ihnen der Güterschuppen beschrieben und abgebildet. Auch Manfred **Berger** bringt in seinem bereits erwähnten dreibändigen Werk **Historische Bahnhofsbauten** viele Güterschuppen. Im ungarischsprachigen Heft **V. Wolf: A vasuti raktárkezelés** (Die Güterabfertigung bei der Eisenbahn), Budapest 1910, wird eine treffende Zusammenfassung des Themas geboten, dort erscheint auch der Baseler Eisenbetonbau. Und wieder

sind es auch die Zeitschriften, in denen über die alten Güterschuppen berichtet wird: So behandelt die **Allgemeine Bauzeitung, Jg. XVI (1851),** fast alle Güterschuppen der Hannoverschen Staatsbahnen. Die **Verkehrstechnische Woche** berichtet im **Jg. XI (1917)** über den Bau der Umladehalle in Seddin.

Kapitel 6 – Wärterhäuser und Stellwerkhäuser

Der Band **Fünf Jahrhunderte Bahntechnik,** herausgegeben von **Dr. Ing. h. c. Horst Weigelt,** Darmstadt 1986, im Kapitel **Wolfgang Ernst: 150 Jahre Deutsche Signaltechnik,** der Aufsatz **Reiner Preuß: Das Hauptsignal im Wandel der Zeiten betrachtet,** in **Eisenbahnpraxis,** 29. Jg. (1985), S. 221, das ungarischsprachige Heft: **O. Frank: Jelzési berendezések a vasutaknál** (Signaleinrichtungen bei den Eisenbahnen), Budapest 1909, der Jubiläumsband **Hundert Jahre Deutsche Eisenbahnen,** mit dem Kapitel **Signal- und Sicherungswesen, Fernmeldewesen,** sowie der Band **H. Strach: Geschichte der Eisenbahnen der Österreichisch-Ungarischen Monarchie** im Kapitel **Ludwig Kohlfürst: Signal- und Telegraphenwesen** boten dem Verfasser die nötigen Angaben zur Zusammenstellung dieses Abschnittes. Wertvolle Details zur deutschen Stellwerksgeschichte konnten dem Bericht **Hoogen: Rückblick auf die Entwicklung des Eisenbahn-Sicherungswesen bei den preußischen Bahnen seit 1870, Verkehrstechnische Woche, 1914–1915,** S. 64, 77 u. 92, entnommen werden. Das erwähnte Lexikon Erfinder und Erfindungen befaßt sich ebenfalls in mehreren Stichworten mit dem Thema.

Das Thema dieses Abschnittes kann bis in die neueste Zeit als geschichtlich betrachtet werden, weshalb auch die betreffenden Kapi-

tel aus **Richard Spröggel: Hochbauten der Eisenbahn,** Springer-Verlag Berlin, Göttingen, Heidelberg 1954, und **Horst Grabner: Eisenbahn-Hochbau,** transpress, Berlin 1975, berücksichtigt werden konnten. In der **Röll-Enzyclopädie** stehen die Stichwörter **Bahnwärterhaus** und **Stellwerkhaus** zum Thema.

Bilder konnten dem Reichsbahnkalender entnommen werden, auch Fotografien, die in verschiedenen Zeitschriften erschienen sind, nachgezeichnet werden.

Der Verfasser ist wegen der Zurverfügungstellung von hier veröffentlichtem Bildmaterial folgenden Personen und Institutionen zu Dank verpflichtet:

Frau M. Dietzel (Stadtarchiv Aachen), Herrn A. Gottwaldt (Museum für Verkehr und Technik, Berlin), Herrn Hopfenzitz und Herrn Harald Knauer (Stuttgarter Hauptbahnhof), Herrn U. Krings (Landeskonservator in Köln), Herrn Oberbürgermeister U. Pfeifle (Stadt Aalen), der Direktion des Stadtmuseums in Weimar in der DDR und Herrn Reiner Preuß (Berlin), der auch wertvollen Rat beisteuerte.

Besonderer Dank gilt Herrn Siegfried Fischer, freier Lektor in Stuttgart, der die werkgetreue Bearbeitung des Manuskriptes und die grafische Gestaltung besorgte.

Alle nicht besonders gekennzeichneten Fotografien und Abbildungen sind entweder Aufnahmen des Verfassers oder – im Falle von älterem Material – gehören in den Bestand seiner Sammlung.